门萨智力大师系列

MENSA
门萨智力
大挑战
IQ TESTS

〔英〕理查德·凯特 著

丁大刚 刘晓敏 张斌 译

人民文学出版社

PEOPLE'S LITERATURE PUBLISHING HOUSE

著作权合同登记号　图字 01-2021-7148

图书在版编目(CIP)数据

门萨智力大挑战/(英)理查德·凯特著；丁大刚，
刘晓敏，张斌译. —北京：人民文学出版社，2021(2022.7 重印)
(门萨智力大师系列)
ISBN 978-7-02-016516-2

Ⅰ.①门…　Ⅱ.①理…②丁…③刘…④张…　Ⅲ.
①智力游戏　Ⅳ.①G898.2

中国版本图书馆 CIP 数据核字(2020)第 135309 号

责任编辑　卜艳冰　周　洁
封面设计　李　佳

出版发行　人民文学出版社
社　　址　北京市朝内大街 166 号
邮政编码　100705

印　　刷　上海盛通时代印刷有限公司
经　　销　全国新华书店等

开　　本　720 毫米×1000 毫米　1/16
印　　张　9
字　　数　197 千字
版　　次　2021 年 7 月北京第 1 版
印　　次　2022 年 7 月第 2 次印刷

书　　号　978-7-02-016516-2
定　　价　68.00 元

如有印装质量问题,请与本社图书销售中心调换。电话:010－65233595

什么是"门萨"？

"门萨"是世界顶级高智商俱乐部的名称。

它拥有十万多名会员，遍及全球四十多个国家。

俱乐部的宗旨是：

从人类利益出发，确认、培养以及巩固人类智力；

鼓励开发研究人类智力的本能、特征和用途；

为其会员提供宝贵的智力激发、交流和发展的机会。

任何智力测试得分在世界人口前2%的人都有资格成为门萨俱乐部的一员——您是我们一直在寻找的那"2%"吗？

门萨俱乐部成员享有以下权益：

国内外线上线下社交活动；

量身打造的兴趣小组——从艺术到动物学研究，百余种选择只为迎合您的兴趣爱好；

会员月刊和当地活动时讯；

同城聚会——从游戏竞技到小食、酒水聚会；

国内其他城市及国外周末聚会和会议；

激发智力的讲座与研讨会；

享受SIGHT（国际向导和接待游客）组织所提供的服务。

导言

欢迎翻开这本《门萨智力大挑战》，这些测试题是为了让您那独一无二的脑细胞充分地体验一场传统的测试。通过逻辑推理、空间推理、概念思维和专注力的测验，您的脑力将被推至极限。这将会是一次有益的体验，有助于您去探索一些更深奥的知识。衷心地希望您能通过本书，对自己的智力和大脑的极限有一个全新的了解。人类皆有智力。人的智力不会突然大增，而是终身不变的。智商也同样如此，天才都是天生的。然而，全世界人口中，有2%的人拥有很高的智商（有资格成为门萨俱乐部成员）。如果您跻身于此，但愿您能做些什么让自己的大脑忙碌起来。毕竟，拥有高智商是一回事，而用它来做点什么有意义的事又是另一回事，不是吗？

许多人意识不到自己大脑的潜能，其中一个原因是他们从不做测试。这是门萨俱乐部如此重要的众多原因之一，也是本书将使您的生活变得更美好的原因。至少，如果您还不了解自己智商的高低，本书将使您意识到您的智商潜

力。毕竟，如果不亲自测试一下，您如何知道自己有多聪明呢？

如何使用本书

本书由十套完整的测试题组成，每套测试题包含二十道发人深省的谜题，并在书后附有参考答案。为了最大程度地发挥本书的价值，请一次完成一套完整的测试。尽可能快地向前推进，先完成您觉得最简单的谜题，再回到最难的谜题。这些测试题会让您发现自己认知能力的强项和弱项，但最终不会给出一个常规智商测试分数（这需要在严格的测试条件下才能得出）。在进行测试时，请尽量模拟实测场景：留出时间，确保自己不会被打扰；计时，试着让自己冷静而高效地进行测试。如您有意进行智商测试，本书中的题目也能帮您很好地应对智商测试的题型。完成后检查答案并计算总分。您的表现如何，可以对照下表：

得分	百分制
20	95
19	94
18	93
17	92
16	91
15	90
14	85
13	80
12	75
11	70
10	65
9	60
8	55
7	50
6	45
5	40

如果您始终获得最高分，建议您进行一次门萨测试。相关内容可访问门萨网站www.mensa.org.uk。

世界上一半人口的智商趋于90至110之间。只有2%的人智商高于147。

智力的重要性

测试智商为何如此重要呢？

自古以来，人们通过拼图、智力题和谜语来拓宽思维，而不只是思考如何用木棍捕捉快速移动的哺乳动物。通过开发大脑极限，从钻木取火到创造轮毂，从超级计算机到大型强子对撞机，从探索海洋到载人飞船登陆火星的任务，世界展现在我们的面前。在这一个个极限挑战面前，我们的大脑并未屈服求饶，相反，它细致斟酌，渐趋变大，学习成长，愈加智慧，最终发展成为已知宇宙中最精密协调的器官。

我们的眼睛观察到的是周围世界的各个组成部分，大脑把各部分整合在一起作为整体来理解。我们把每个部分与我们熟知的事物从形状、大小、色彩、质地方面进行比较，有成千上万种性质，并把它们归入大脑中已有的事物的类别。同时我们还关注其周边的事物，并检测我们所知道的情况，为其赋予理解的背景。通过这种关联思维，我们便能理解新事物，从而理解当下的世界。例如，我们的大脑不用亲眼看清，就可以推断出街角飞驰的白色物体是一辆小汽车。正是大脑填补了我们耳目所不能及的空白。依据这些联系网，加上足够的理解，我们最终可以做出合乎时宜的判断。大多数时候，只要知道基本类别就够了，但每当我们思考一个事物时，总要通过相互参照、分析，最终得出结论——这就是一个解决谜题的过程。

这种逻辑分析推理能力是我们大脑这

座"兵工厂"里威力最大的武器之一，另外还有创造力和横向思维能力。如果没有逻辑分析推理能力，世界上就没有科学，数学就仅仅是记个数。当然我们可以摆脱愚昧，但是在智力上并不会有多大的发展。

此外，我们不自觉地把自己与他人互相比较——也会在大脑中与其他事物进行比较。这种比较的目的是想明白我们自己所处的位置。因此我们本能上就渴望竞争，与最好的自己竞争，也与他人竞争。通过锻炼身体突破个人局限可增强人生体验、身体灵活性和力量，思维训练也具有相同的效果。演绎推理可以让我们获得一种满足感并实现自身的价值，从而塑造我们的自我形象。当成功解决某事时，我们会有一种成就感，尤其是在我们怀疑自己很难做到的情况下。

大脑通过分析、辨识文字图案和逻辑推理为这个世界赋予意义，并使其变得井然有序。我们自我测试和评估的冲动是大脑这一功能的自然结果。因此，花时间解答谜题是再自然不过的一件事了。

训练大脑

事实表明，人类凭借自己的心智能够做到的重要事情之一就是解答复杂谜题。科学领域内，有关神经学和认知心理学研究的最新成果十分强调谜题和思考力训练的重要性，而在此之前，这是前所未有的。如今，数独、纵横字谜等算术类、语言类谜题已经渗透到我们的日常生活中，即使是电脑游戏也同样基于清关式的算法，即只有解决了前一个谜题才可以进到下一关。

据了解，我们的一生中，大脑不断地在建立、塑造并协调自我，它是人体唯一能够做到这些的器官。我们的大脑不断地重写着自己的操作指南，并根据我们的经验改变其联结方式。就像肌肉是对锻炼的回应，我们的思考力也会对训练做出回应，使人在记忆力和心理上都能保持良好的状态。对于许多人而言，运动也许是一种负担，良好的脑部锻炼却可以在自家舒适的沙发上进行。所以您没有任何偷懒的借口。

祝您解题愉快！

目录

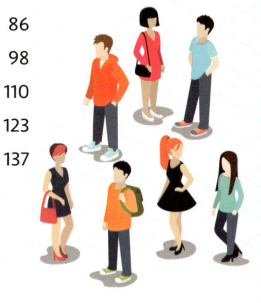

谜题

测试 1

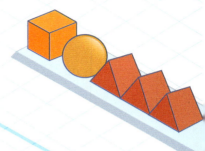

01 下列选项中，哪一项是问号处所缺的图形？

答案见124页

A   B   C   D   E

2

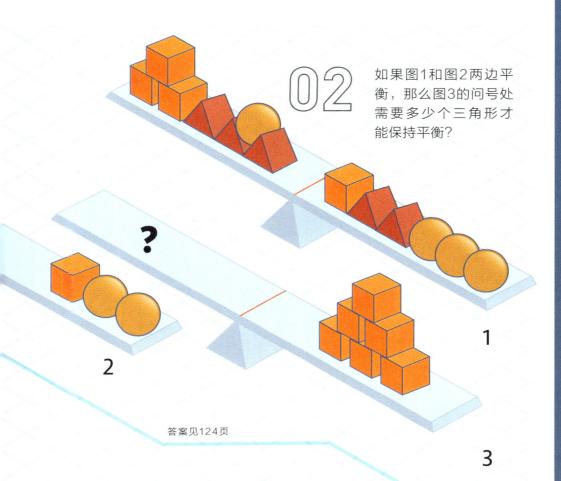

02 如果图1和图2两边平衡，那么图3的问号处需要多少个三角形才能保持平衡？

1

2

3

答案见124页

答案见124页

03 如果 $\frac{3}{4} = 4\frac{1}{2}$，

那么 $2\frac{1}{3}$ 等于多少？

04 下列哪一个图形能与上图
拼成一个完整的图形?

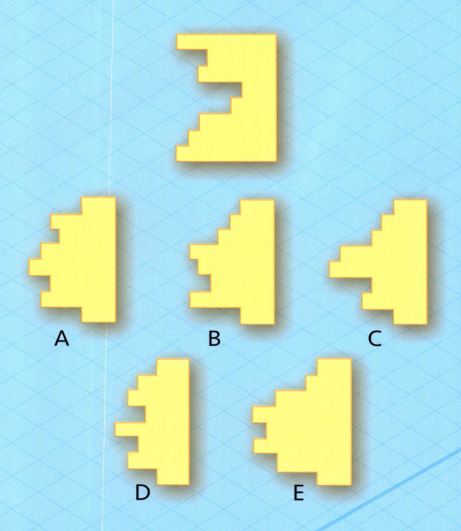

答案见124页

从下列一排图形中选择一个正确的选项填入问号处。

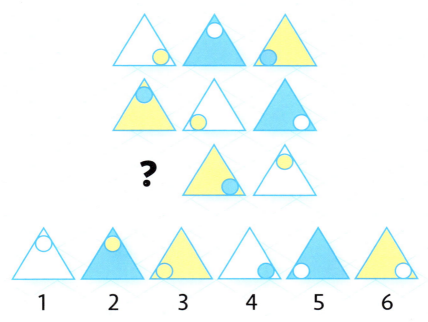

1　**2**　**3**　**4**　**5**　**6**

答案见124页

答案见124页

用九个连续的数字完成此图，使每一行、每一列以及对角线的数字之和都相等。

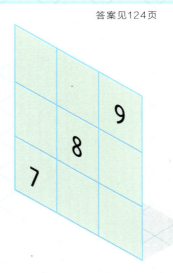

07

在从1A到3C的九个正方形中，每个正方形分别包含左边数字列和上方字母行中的图形，例如：2A正方形中包含了数字列2和字母行A中的两个图形。请找出图中不正确的那个。

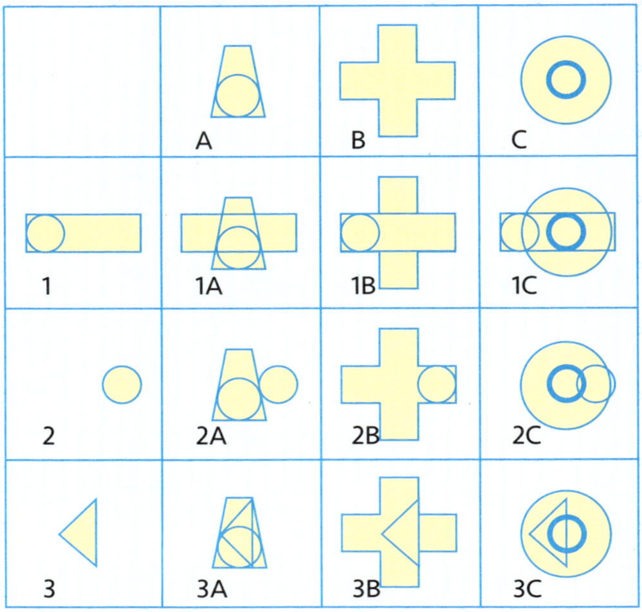

	A	B	C
1	1A	1B	1C
2	2A	2B	2C
3	3A	3B	3C

答案见124页

08

下列哪一个数字与众不同？

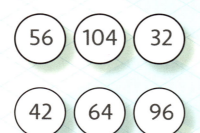

56　104　32

42　64　96

答案见124页

请找出下列图形中与众不同的三项。

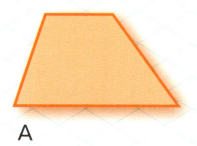

A

B

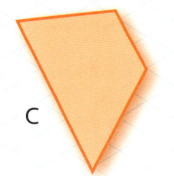

C

D

E

F

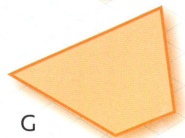

G

答案见124页

10 问号处应填什
么数字？

答案见124页

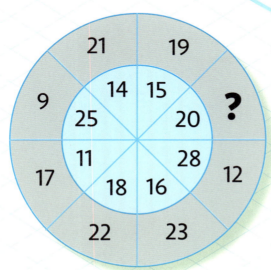

答案见124页

11 问号处应填入
什么数字？

12 下列哪个图形的展开图与所给模板不一致？

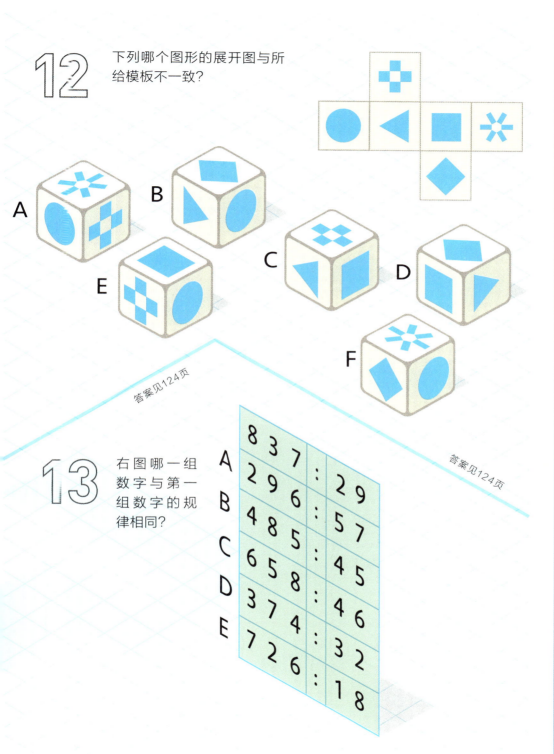

答案见124页

答案见124页

13 右图哪一组数字与第一组数字的规律相同？

	8 3 7	
A	2 9 6	2 9
B	4 8 5	5 7
C	6 5 8	4 5
D	3 7 4	4 6
E	7 2 6	3 2
		1 8

14

完成这个6×6×6的
立方体需要216块小方
块，如图所示还需要多
少块才能将其补全？

答案见124页

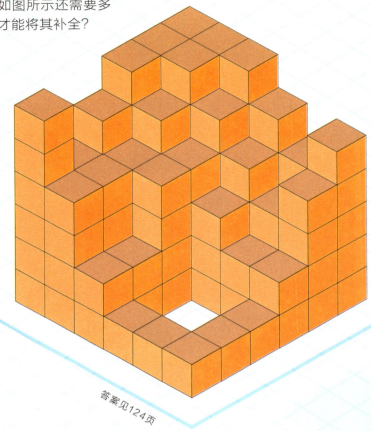

答案见124页

15

根据规律，问号处应
填入什么数字？

(?) (19) (8) (14) (11) (10) (15) (7) (20) (?)

16

东京比喀布尔早4.5小时，喀布尔比河内晚2.5小时。东京现在是星期六凌晨4:45，那么另外两座城市是几点钟？

东京

喀布尔

河内

答案见124页

17

观察规律，问号处应填入什么数字？

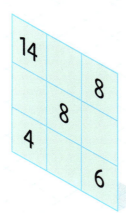

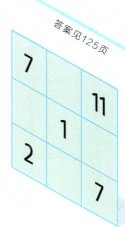

答案见125页

18

下面哪一个图形
与众不同?

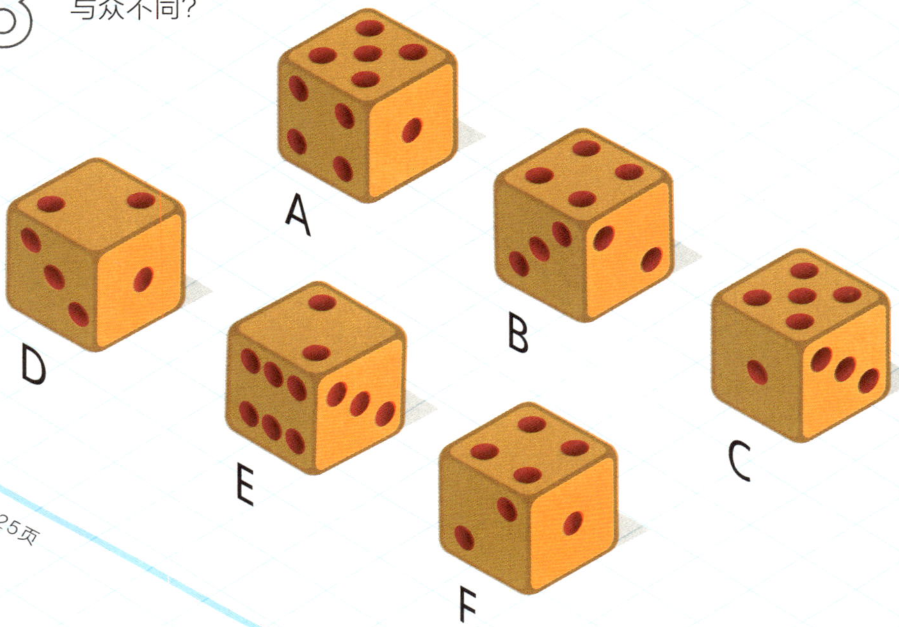

D

A

B

C

E

F

答案见125页

答案见125页

19

右图哪一组数
字与众不同?

A

B

C

D

4	6	7	5	8
2	9	3	5	8	1
1	2	6	7	4
8	7	8	7
3	2	6	7
5	6
6

20

请从下列选项中选出符合题中规律的一只时钟。

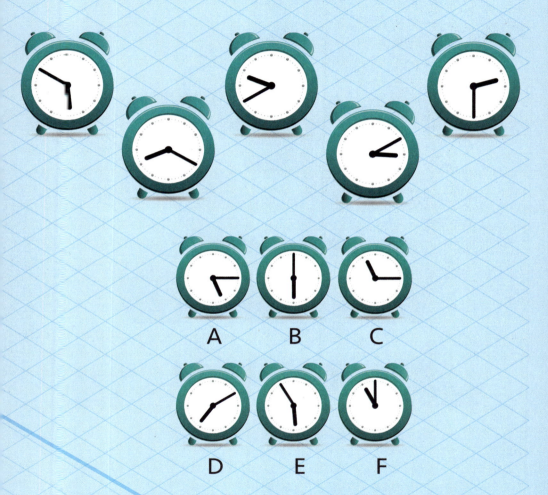

A B C

D E F

答案见125页

测试 2

01 下列选项中，哪一项是问号处所缺的图形？

答案见125页

A   B   C   D   E

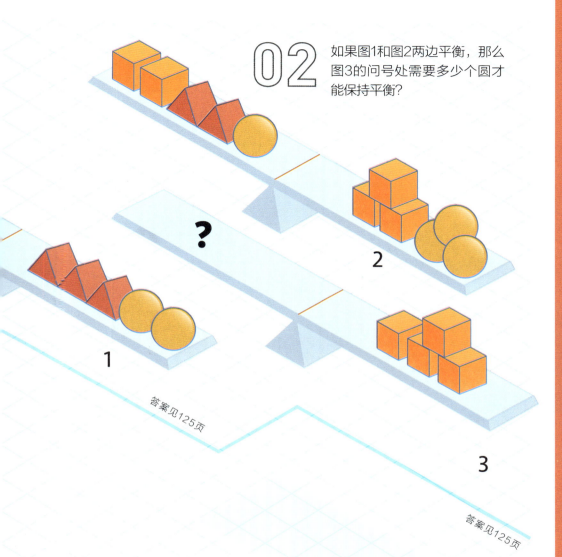

02

如果图1和图2两边平衡，那么图3的问号处需要多少个圆才能保持平衡？

?

2

1

答案见125页

3

答案见125页

03

如果 $\dfrac{1}{3}=7$，

那么5等于多少？

04

下列哪一个图形能与上图拼成
一个完整的图形？

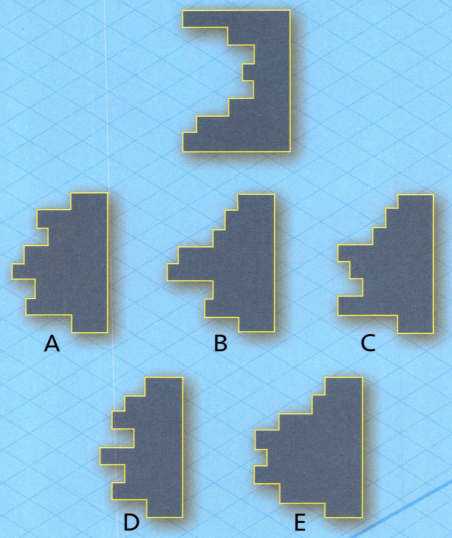

A   B   C

D   E

答案见125页

从下列一排图形中选择一个正确的选项填入问号处。

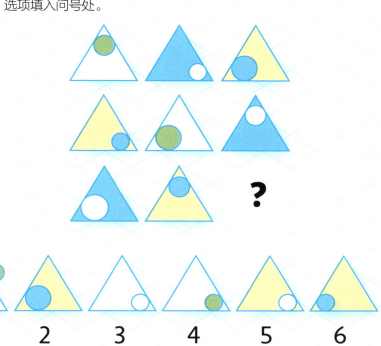

?

1   **2**   **3**   **4**   **5**   **6**

答案见125页

下列哪一个数字与众不同?

答案见125页

77   267   158

239   95   68

07

在从1A到3C的九个正方形中，每个正方形分别包含左边数字列和上方字母行中的图形，例如：2A正方形中包含了数字列2和字母行A中的两个图形。请找出图中不正确的那个。

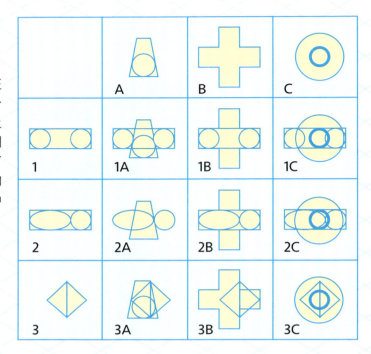

答案见125页

答案见125页

08

用九个连续的数字完成此图，使每一行、每一列以及对角线的数字之和都相等。

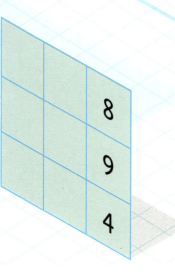

09 请找出下列图形中
与众不同的三项。

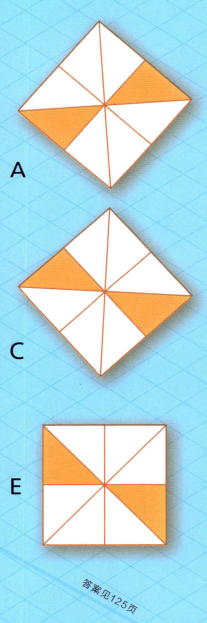

A

B

C

D

E

F

G

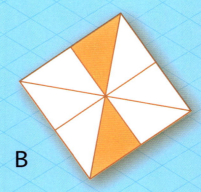

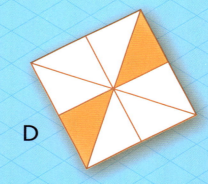

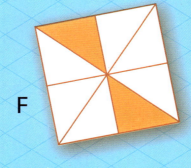

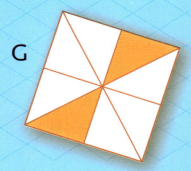

答案见125页

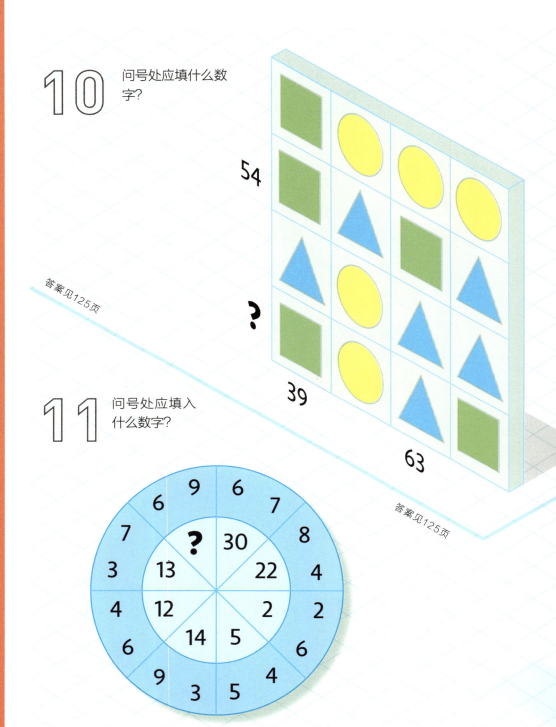

10 问号处应填什么数字？

54

?

39

63

11 问号处应填入什么数字？

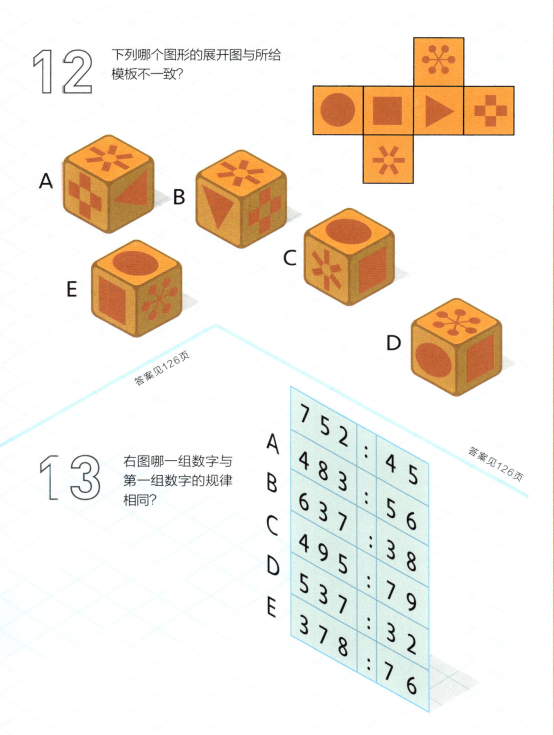

12 下列哪个图形的展开图与所给模板不一致?

A B C D E

答案见126页

13 右图哪一组数字与第一组数字的规律相同?

	7 5 2	:	4 5
A	4 8 3	:	4 5
B	6 3 7	:	5 6
C	4 9 5	:	3 8
D	5 3 7	:	7 9
E	3 7 8	:	3 2
		:	7 6

答案见126页

14

完成这个6×6×6的立方
体需要216块小方块，如
图所示还需要多少块才能
将其补全？

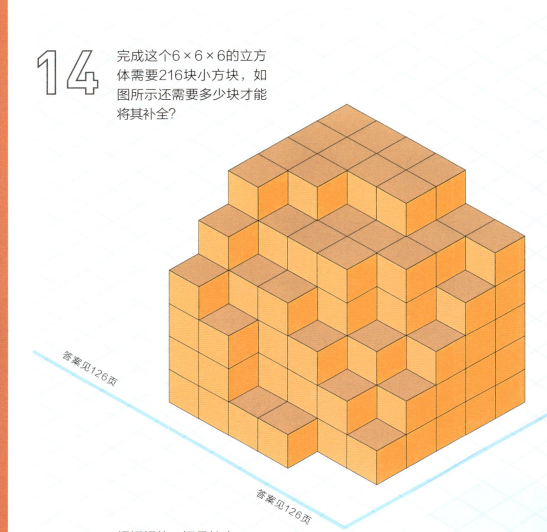

答案见126页

答案见126页

15

根据规律，问号处应
填入什么数字？

(1) (2) (6) (24) (120) (?) (?)

16

东京比莫斯科早6个小时，莫斯科比开罗早1个小时。莫斯科现在是星期三凌晨4:45，那么另外两座城市是几点钟？

莫斯科

开罗

东京

答案见126页

17

观察规律，问号处应填入什么数字？

6

8 26 4

2

6 16 3

8

5 27 7

3

2 ? 9

答案见126页

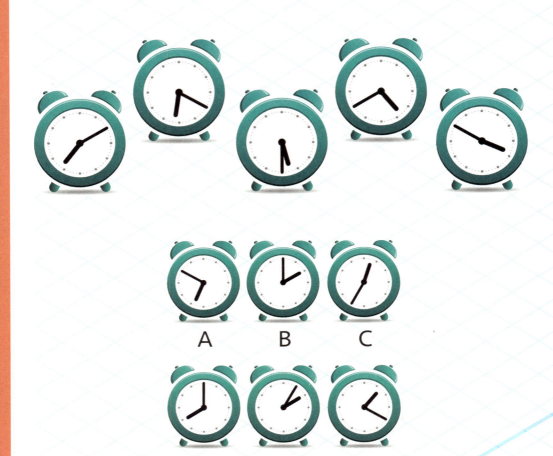

18

请从下列选项中选出符合题中
规律的一只时钟。

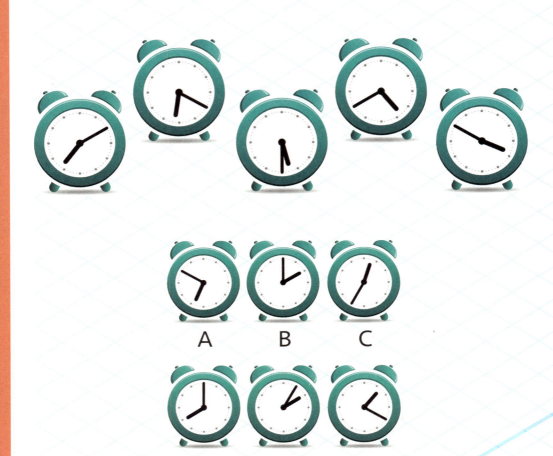

A   B   C

D   E   F

答案见126页

19

下面哪一个图形与
众不同？

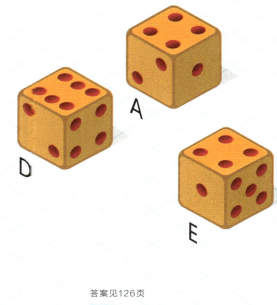

答案见126页

20

右图哪一组数字与
众不同？

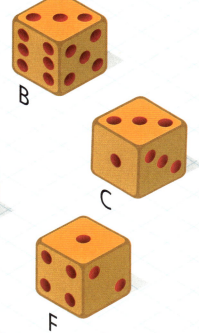

答案见126页

测试 3

答案见126页

01 下列选项中，哪一项是问号处所缺的图形？

26

A   B   C   D   E

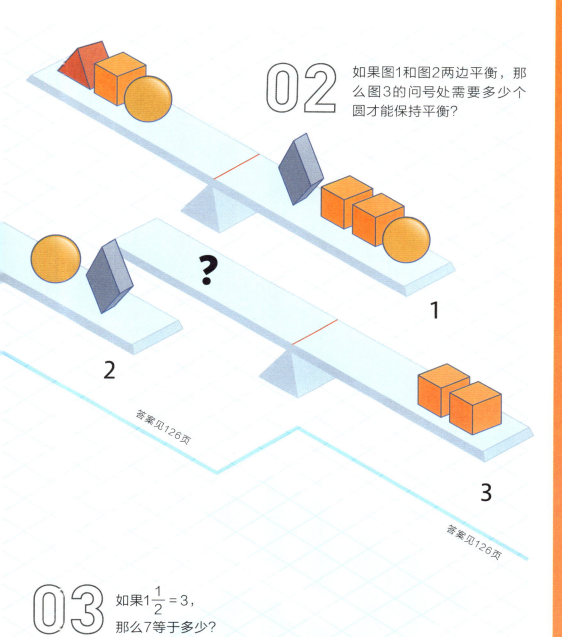

02

如果图1和图2两边平衡，那么图3的问号处需要多少个圆才能保持平衡？

1

2

答案见126页

3

答案见126页

03

如果$1\frac{1}{2} = 3$，

那么7等于多少？

下列哪一个图形能与上图
拼成一个完整的图形?

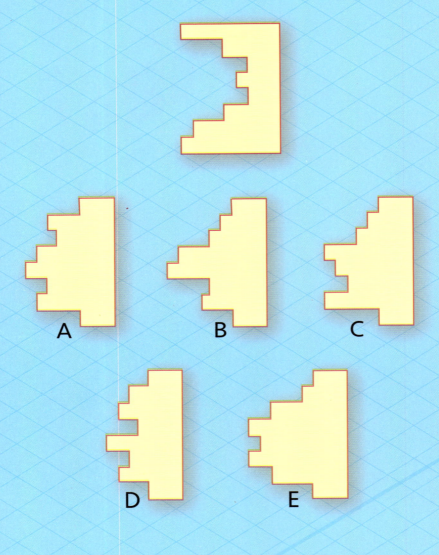

答案见126页

从下列一排图形中选择一个正确的选项填入问号处。

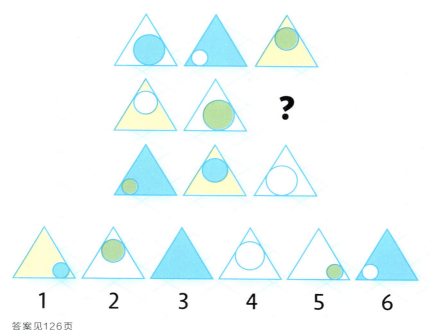

?

答案见126页

答案见126页

用九个连续的数字完成此图，使每一行、每一列以及对角线的数字之和都相等。

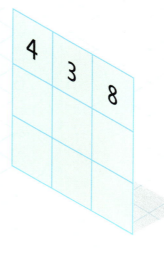

07

在从1A到3C的九个正方形中，每个正方形分别包含左边数字列和上方字母行中的图形，例如：2A正方形中包含了数字列2和字母行A中的两个图形。请找出图中不正确的那个。

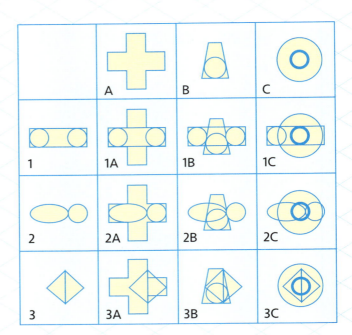

答案见126页

答案见126页

08

下列哪一个数字与众不同？

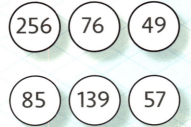

请找出下列图形中与其他不同的三项。

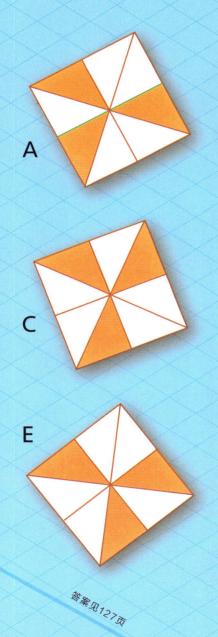

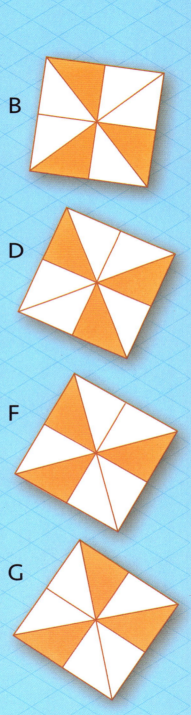

答案见127页

10 问号处应填什么数字?

答案见127页

11 问号处应填入什么数字?

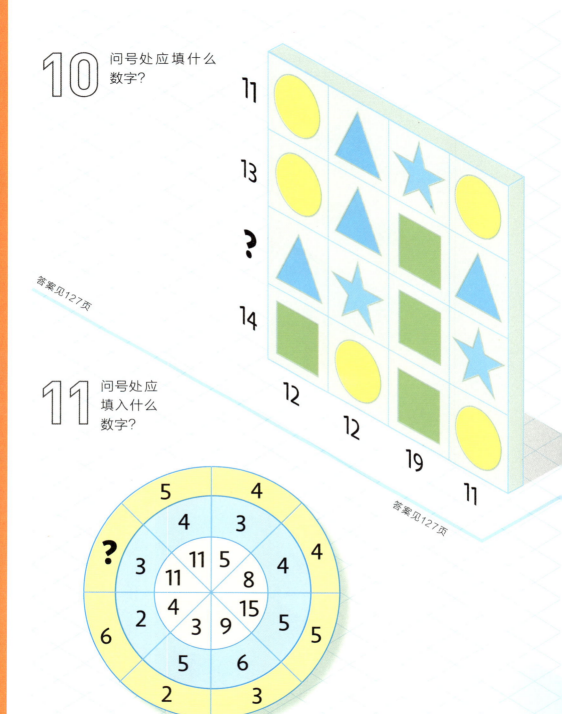

答案见127页

12 下列哪个图形的展开图与所给模板不一致?

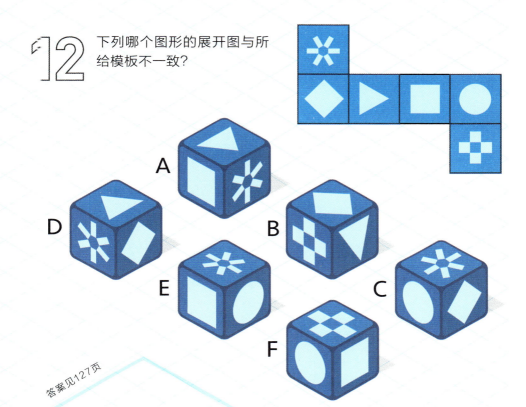

答案见127页

13 右图哪一组数字与众不同?

A	2	4	6	7	3	1
B	3	1	6	8	4	1
C	6	6	7	3	7	3
D	4	2	9	0	3	7

答案见127页

14 完成这个6×6×6的立方
体需要216块小方块，如
图所示还需要多少块才能
将其补全？

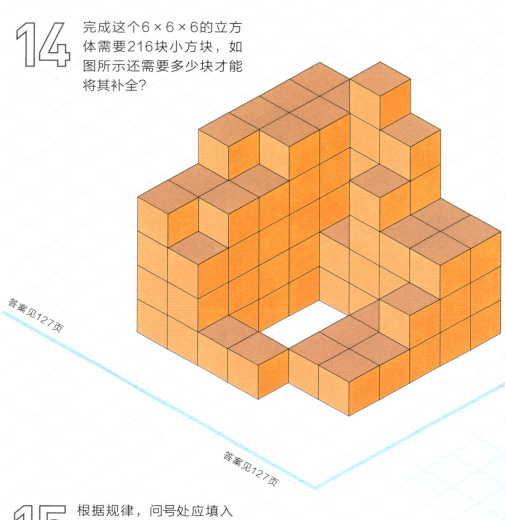

答案见127页

答案见127页

15 根据规律，问号处应填入
什么数字？

(7) (12) (9) (10) (11) (?) (?) (6) (15) (4)

16 哈瓦那比佩斯晚12个小时，佩斯比开罗早6个小时。佩斯现在是星期三下午14:45，那么另外两座城市是几点钟？

佩斯

开罗

哈瓦那

答案见127页

17 观察规律，问号处应填入什么数字？

答案见127页

6
2 48 6

2
6 18 3

3
7 33 4

5
5 ? 9

答案见127页

18 请从下列选项中选出符合题中规律的一只时钟。

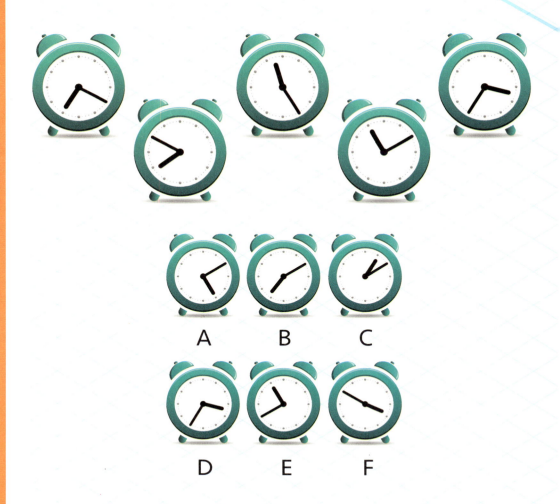

19

右图哪一组数字
与第一组数字的
规律相同?

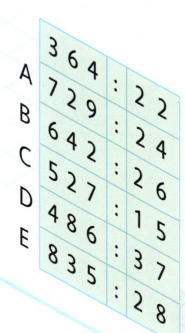

	3 6 4	: 2 2
A	7 2 9	: 2 2
B	6 4 2	: 2 4
C	5 2 7	: 2 6
D	4 8 6	: 1 5
E	8 3 5	: 3 7
	8 3 5	: 2 8

答案见127页

20

下面哪一个图形
与众不同?

答案见127页

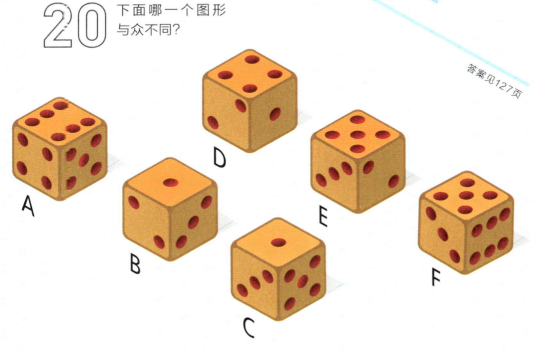

测试 4

01 下图中哪一个选项填入问号处才能使其保持平衡？

答案见127页

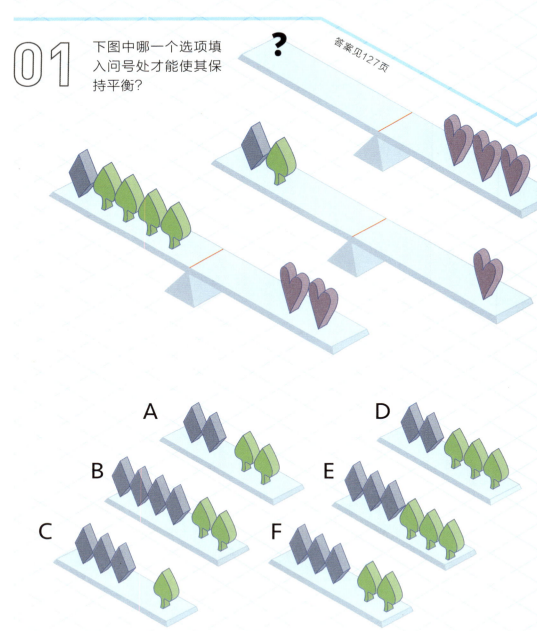

答案见127页

02

下列选项中，哪一项是问号处所缺的图形？

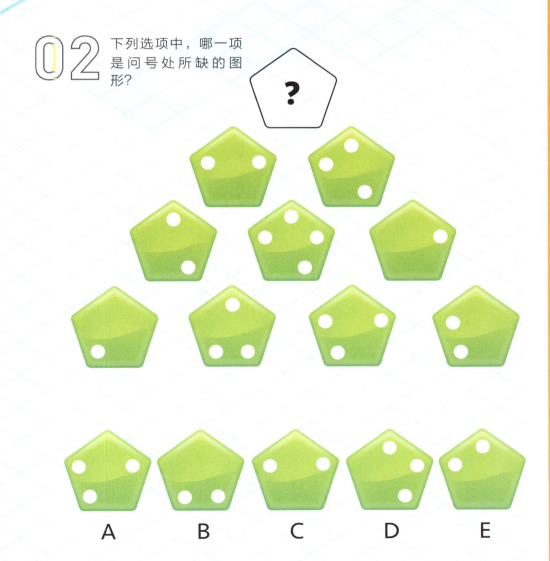

A   B   C   D   E

03 下列哪一个图形能与上图
拼成一个完整的图形?

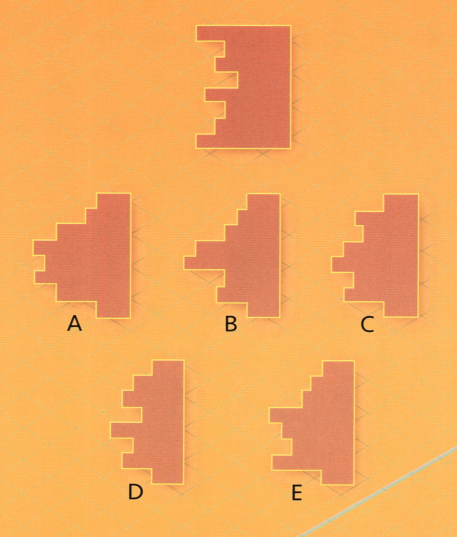

答案见128页

从下列一排图形中选择一个正确的选项填入问号处。

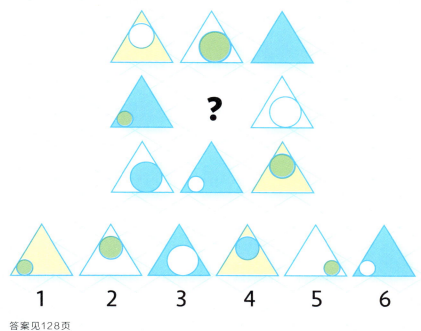

1　　**2**　　**3**　　**4**　　**5**　　**6**

答案见128页

下列哪一个数字与众不同?

答案见128页

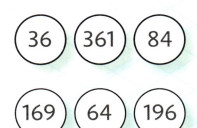

在从1A到3C的九个正方
形中，每个正方形分别包
含左边数字列和上方字母
行中的图形，例如：2A
正方形中包含了数字列
2和字母行A中的两个图
形。请找出图中不正确的
那个。

答案见128页

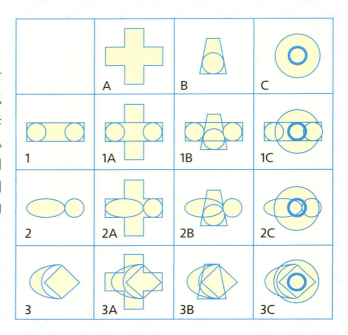

答案见128页

用九个连续的数字完成此图，使
每一行、每一列以及对角线的数
字之和都相等。

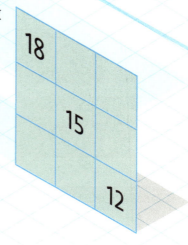

请找出下列图形中与众不同的一项。

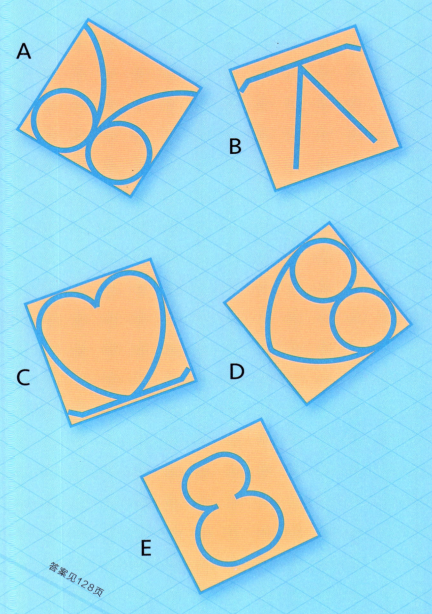

A

B

C

D

E

答案见128页

09 问号处应填什么
数字?

答案见128页

10 问号处应
填入什么
数字?

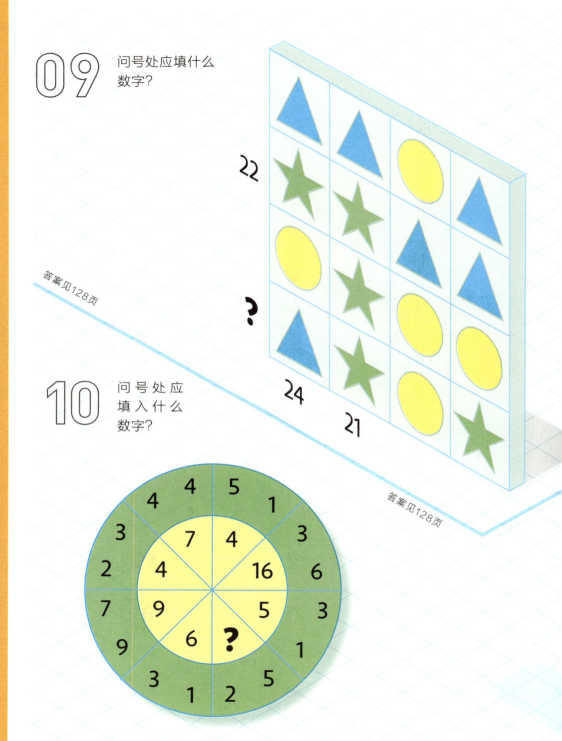

答案见128页

11

下列哪个图形的展开图与所给模板不一致?

答案见128页

12

右图哪一组数字与众不同?

A	8	1	1	1	
B	5	4	2	4	1
C	3	7	3	6	1
D	2	2	7	2	3
		0	0	5	7

答案见128页

13 完成这个6×6×6的立方体需要216块小方块，如图所示还需要多少块才能将其补全？

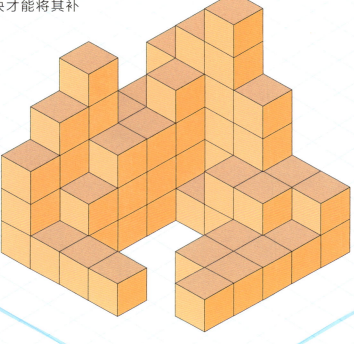

答案见128页

答案见128页

14 根据规律，问号处应填入什么数字？

5 7 12 19 31 50 ? ?

15 布宜诺斯艾利斯比北京晚11个小时，北京比河内早1个小时。布宜诺斯艾利斯现在是星期三下午13:45，那么另外两座城市是几点钟？

布宜诺斯
艾利斯

北京

河内

答案见128页

16 观察规律，问号处应填入什么数字？

5
8 34 4

3
4 24 5

7
3 32 6

9
5 ? 7

答案见128页

17

请从下列选项中选出符合题中规律的一只时钟。

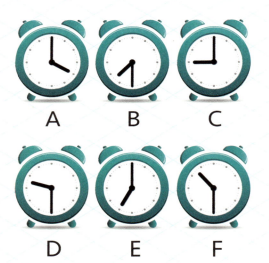

A B C

D E F

答案见128页

答案见128页

18

如果 $\dfrac{3}{7}=9$，

那么4等于多少？

19

下面哪一个图形
与众不同?

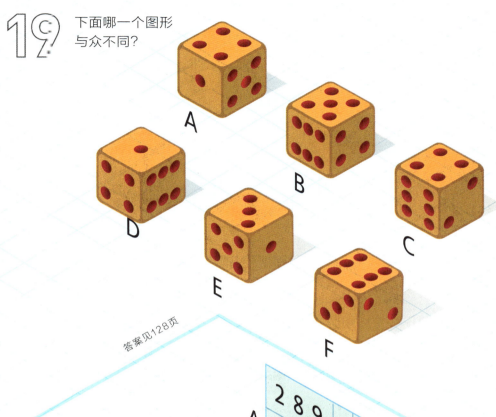

答案见128页

20

右图哪一组数字
与第一组数字的
规律相同?

答案见128页

	2 8 9	:	1 7
A	1 9 8	:	1 7
B	7 3 1	:	1 4
C	3 4 2	:	2 7
D	8 4 1	:	1 8
E	4 4 1	:	2 8
		:	2 1

测试 5

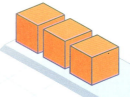

01 下列选项中，哪一项是问号处所缺的图形？

答案见128页

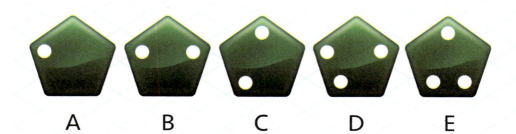

A   B   C   D   E

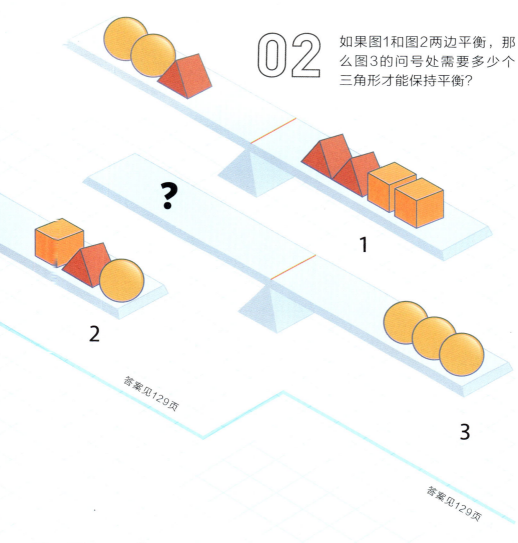

如果图1和图2两边平衡，那么图3的问号处需要多少个三角形才能保持平衡？

?

1

2

3

答案见129页

答案见129页

03 如果 $\frac{2}{5}=6$，
那么3等于多少？

04

下列哪一个图形能与上图
拼成一个完整的图形?

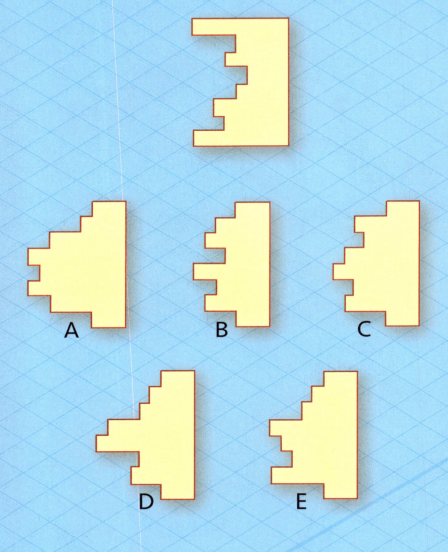

A

B

C

D

E

答案见129页

从下列一排图形中选择一个正确的选项填入问号处。

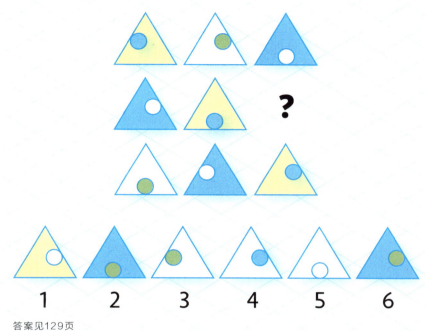

?

1   2   3   4   5   6

答案见129页

答案见129页

用九个连续的数字完成此图，使每一行、每一列以及对角线的数字之和都相等。

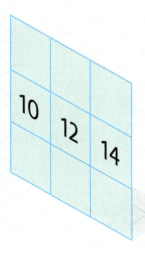

07

在从1A到3C的九个正方形中，每个正方形分别包含左边数字列和上方字母行中的图形，例如：2A正方形中包含了数字列2和字母行A中的两个图形。请找出图中不正确的那个。

答案见129页

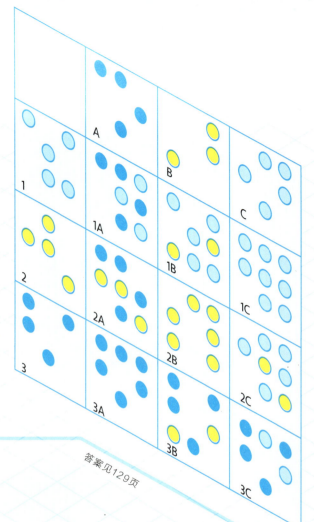

答案见129页

08

下列哪一个数字与众不同？

92   38   56

45   29   74

09

请找出下列图形中与众不同的一项。

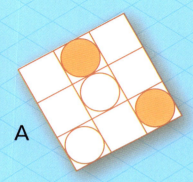

A

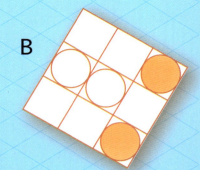

B

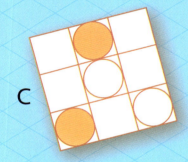

C

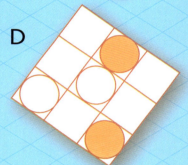

D

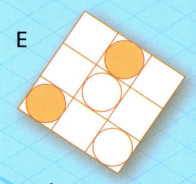

E

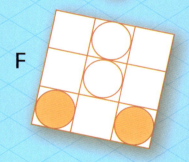

F

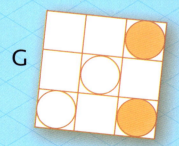

G

答案见129页

10 图中一个正方形的数值是多少?

答案见129页

11 问号处应填入什么数字?

答案见129页

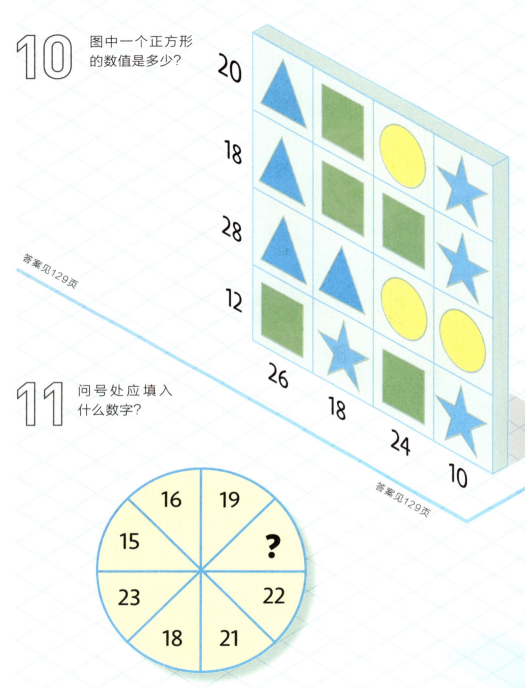

12 下列哪个图形的展开图与所
给模板不一致？

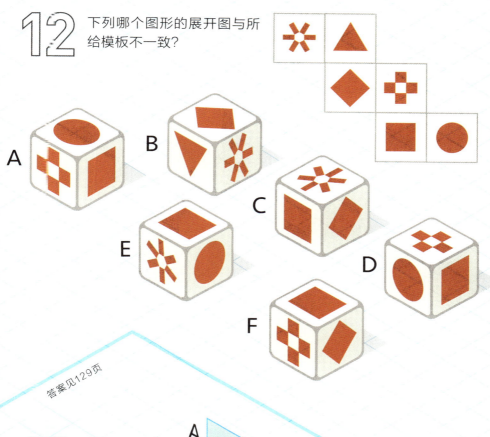

答案见129页

13 右图哪一
组数字与
众不同？

答案见129页

A	3	1	7	5	3
B	6	5	7	2	9
C	8	2	6	8	9
D	4	6	4	6	7
	4	4	9	8	3

14 完成这个6×6×6的立方体需要216块小方块，如图所示还需要多少块才能将其补全？

答案见129页

答案见129页

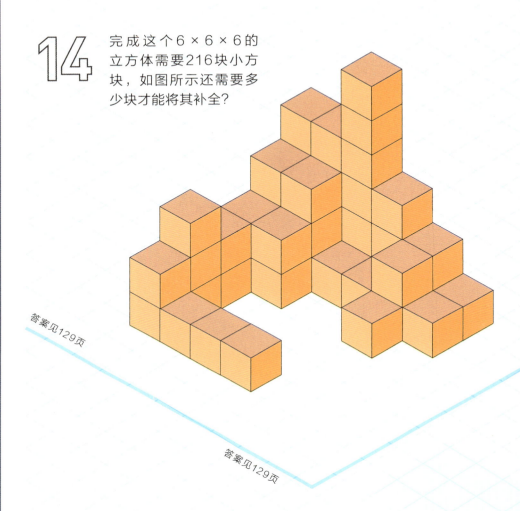

15 根据规律，问号处应填入什么数字？

(2) (5) (10) (17) (26) (?) (?)

16

东京比布宜诺斯艾利斯早12个小时，布宜诺斯艾利斯比喀布尔晚7.5个小时。喀布尔现在是星期五凌晨2:15，那么另外两座城市是几点钟？

喀布尔

东京

布宜诺斯
艾利斯

答案见129页

17

观察规律，问号处应填入什么数字？

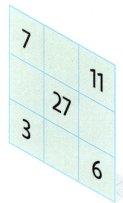

答案见129页

18 下面哪一个图形
与众不同？

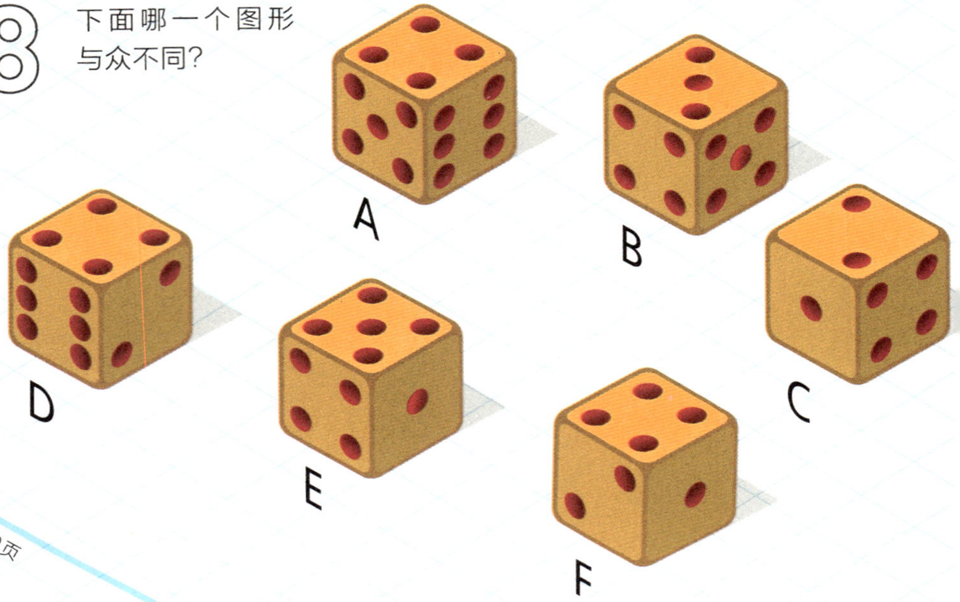

A

B

C

D

E

F

答案见129页

19 右图哪一组数字
与第一组数字的
规律相同？

答案见129页

	3 5 1	:	2 7
A	4 6 8	:	3 5
B	2 2 3	:	1 7
C	4 9 4	:	3 8
D	1 9 1	:	1 4
E	3 3 8	:	2 7

20

请从下列选项中选出符合题中规律的一只时钟。

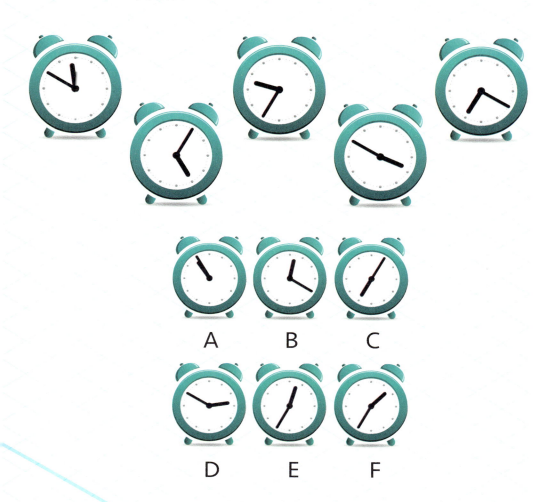

A　　　B　　　C

D　　　E　　　F

答案见129页

测试 6

01 下列选项中，哪一项是问号处所缺的图形？

答案见130页

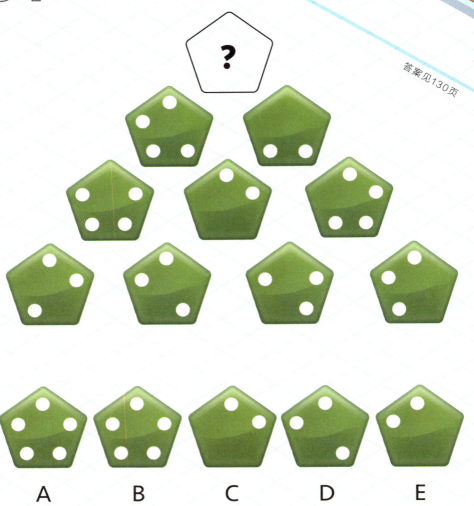

62

02 如果图1和图2两边平衡，那么图3的问号处需要多少个圆才能保持平衡？

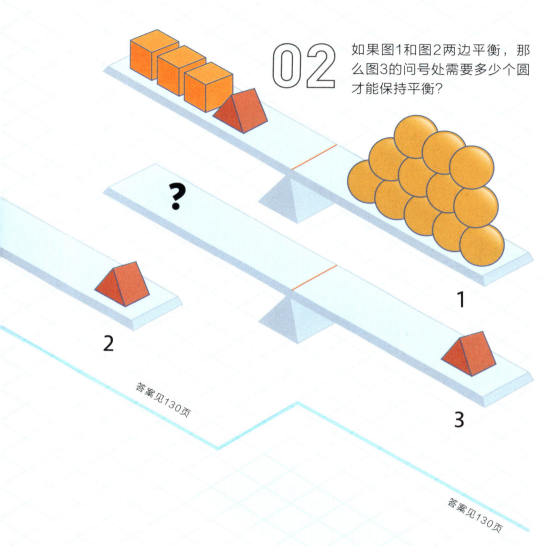

1

2

3

答案见130页

答案见130页

03 如果 $\frac{2}{3}=4$，那么5等于多少？

下列哪一个图形能与上图
拼成一个完整的图形？

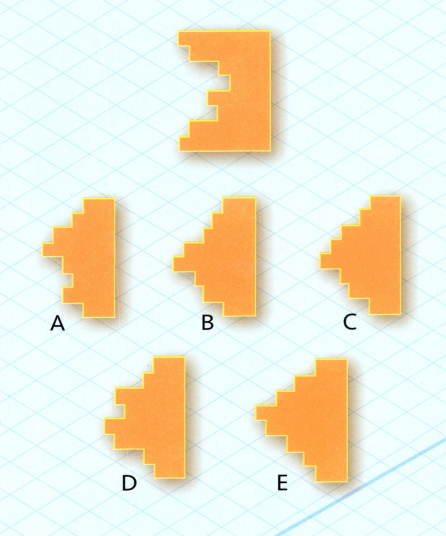

答案见130页

从下列一排图形中选择一个正
确的选项填入问号处。

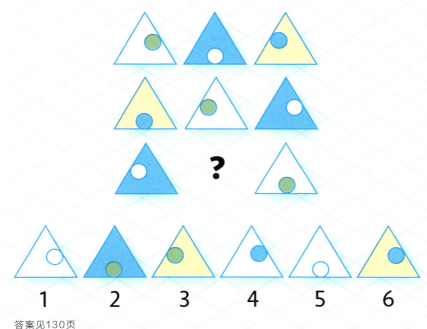

?

1　　2　　3　　4　　5　　6

用九个连续的数字完成此图，
使每一行、每一列以及对角线
的数字之和都相等。

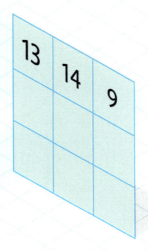

07

在从1A到3C的九个正方形中，每个正方形分别包含左边数字列和上方字母行中的图形，例如：2A正方形中包含了数字列2和字母行A中的两个图形。请找出图中不正确的那个。

答案见130页

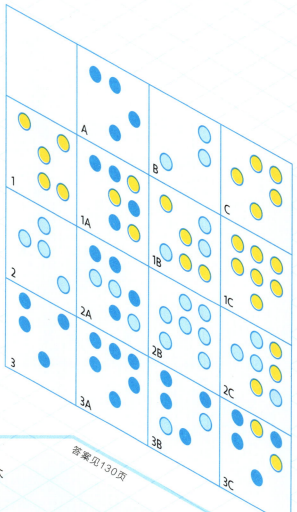

答案见130页

08

下列哪一个数字与众不同？

09 请找出下列图形中与
众不同的一项。

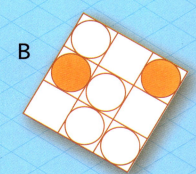
B

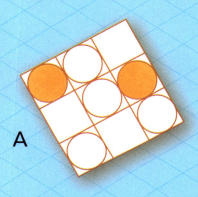
A

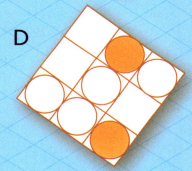
D

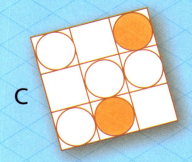
C

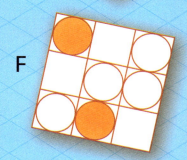
F

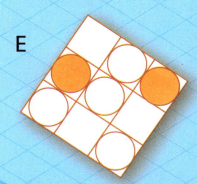
E

G

答案见130页

图中一个正方形
的数值是多少？

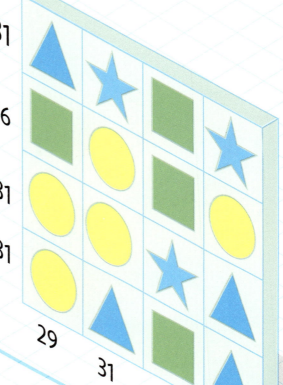

答案见130页

问号处应
填入什么
数字？

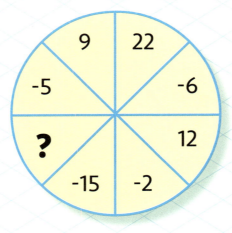

答案见130页

12 下列哪个图形的展开图与所给模板不一致？

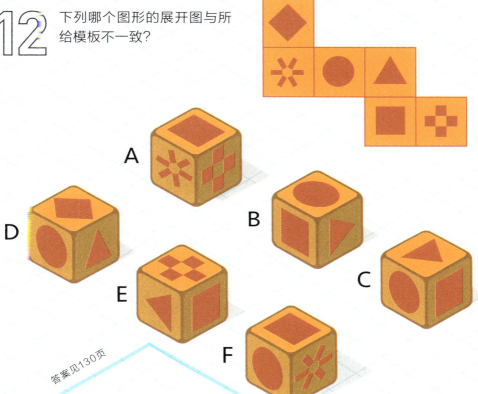

答案见130页

13 右图哪一组数字与众不同？

A	2	3	6	4	8	3
B	6	4	2	8	6	3
C	5	2	6	7	4	7
D	7	1	7	2	2	9

答案见130页

14 完成这个7×7×7的立方体需要343块小方块，如图所示还需要多少块才能将其补全？

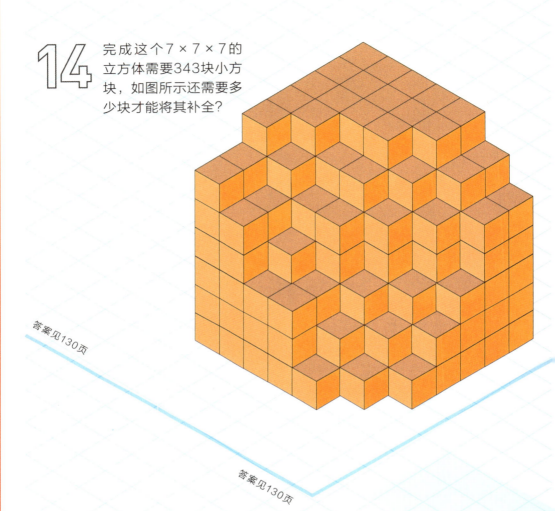

答案见130页

答案见130页

15 根据规律，问号处应填入什么数字？

(1) (16) (36) (?) (81) (100) (144)

16 迪拜比莫斯科早1个小时，莫斯科比开罗早1个小时。迪拜现在是星期三上午11:15，那么另外两座城市是几点钟？

迪拜

莫斯科

开罗

答案见130页

17 观察规律，问号处应填入什么数字？

答案见130页

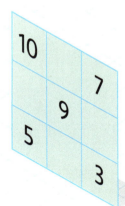

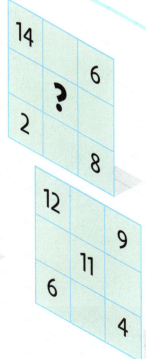

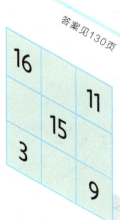

18

下面哪一个图形与众不同?

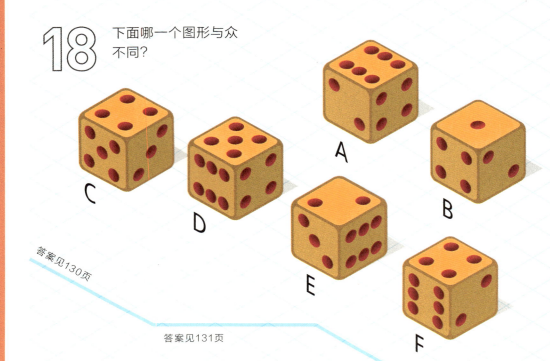

答案见130页

答案见131页

19

右图哪一组数字与第一组数字的规律相同?

	7 3 1	: 4 3
A	8 2 4	: 4 3
B	2 5 5	: 6 3
C	4 3 6	: 1 5
D	5 8 2	: 7 2
E	4 4 3	: 8 1
		: 4 7

20 请从下列选项中选出符合题中规律的一只时钟。

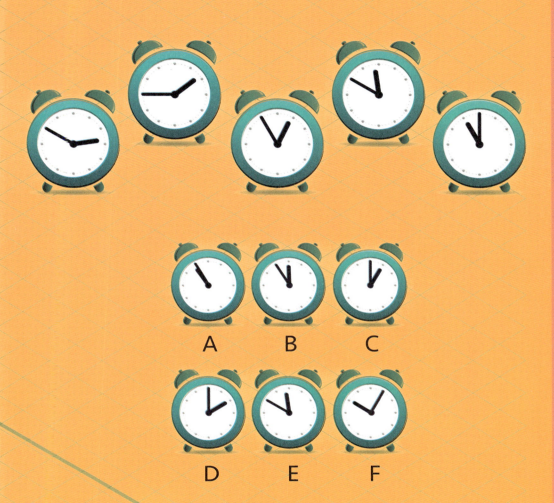

A   B   C

D   E   F

答案见131页

测试 7

答案见131页

01 下列选项中，哪一项是问号处所缺的图形？

74

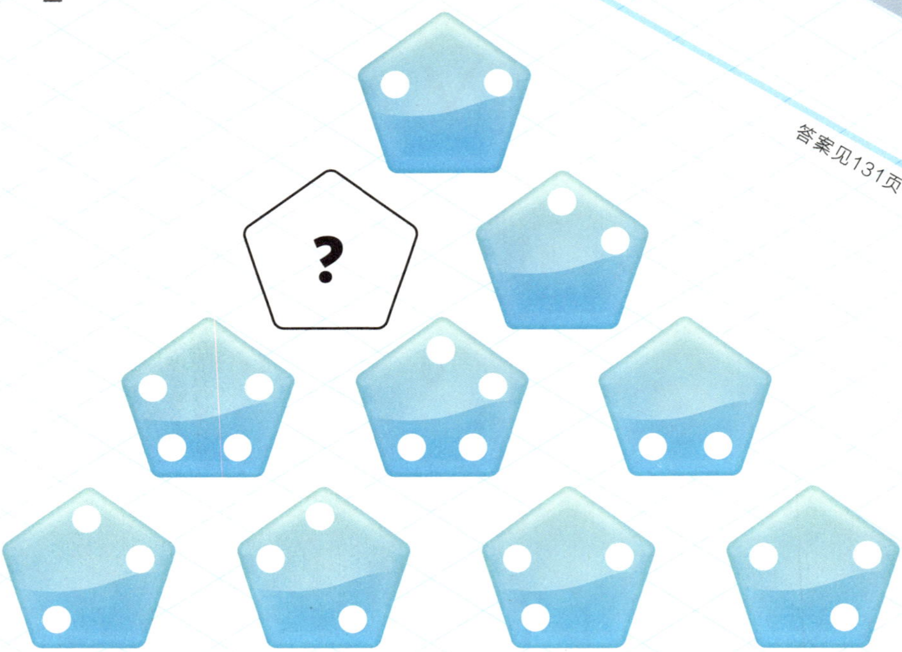

A B C D E

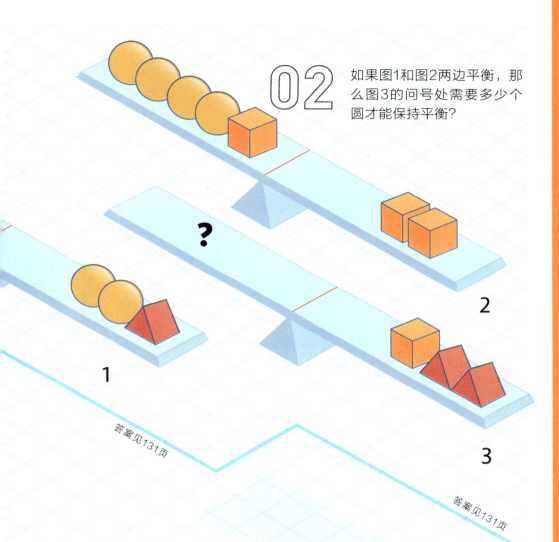

02 如果图1和图2两边平衡，那么图3的问号处需要多少个圆才能保持平衡？

?

1

2

3

答案见131页

答案见131页

03 如果 $\frac{3}{4}=6$，那么4等于多少？

下列哪一个图形能与上图
拼成一个完整的图形？

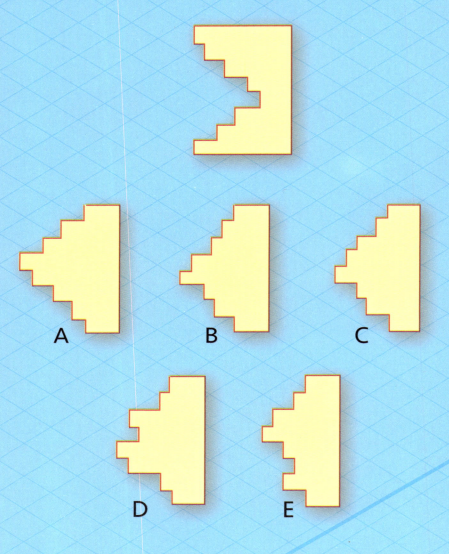

A

B

C

D

E

答案见131页

从下列一排图形中选择一个正确的选项填入问号处。

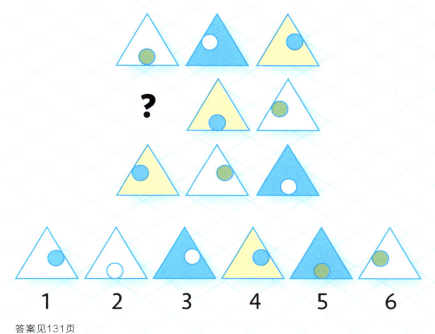

1 2 3 4 5 6

答案见131页

答案见131页

用九个连续的数字完成此图，使每一行、每一列以及对角线的数字之和都相等。

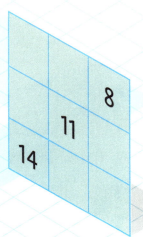

07

在从1A到3C的九个正方形中，
每个正方形分别包含左边数字
列和上方字母行中的图形，例
如：2A正方形中包含了数字列2
和字母行A中的两个图形。请找
出图中不正确的那个。

答案见131页

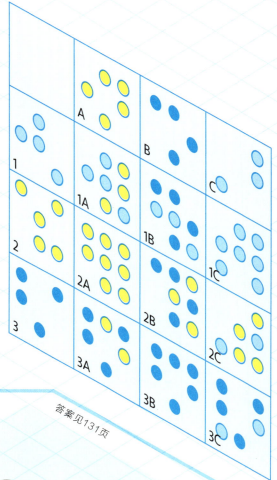

答案见131页

08

下列哪一个数字
与众不同？

09 请找出下列图形中与众不同的一项。

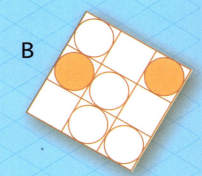

B

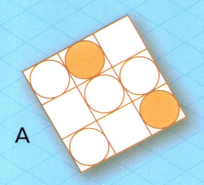

A

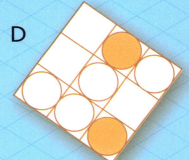

D

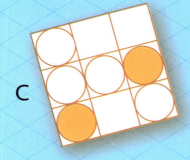

C

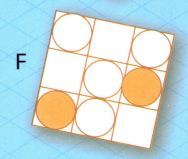

F

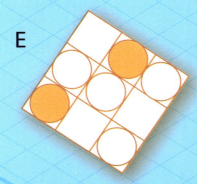

E

G

答案见131页

10

图中一个五角星的数值是多少？

答案见131页

11

问号处应填入什么数字？

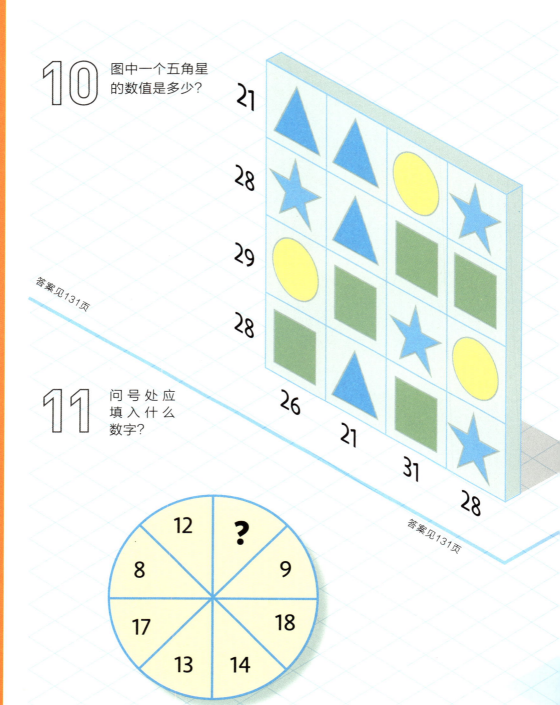

答案见131页

12 下列哪个图形的展开图与所给模板不一致？

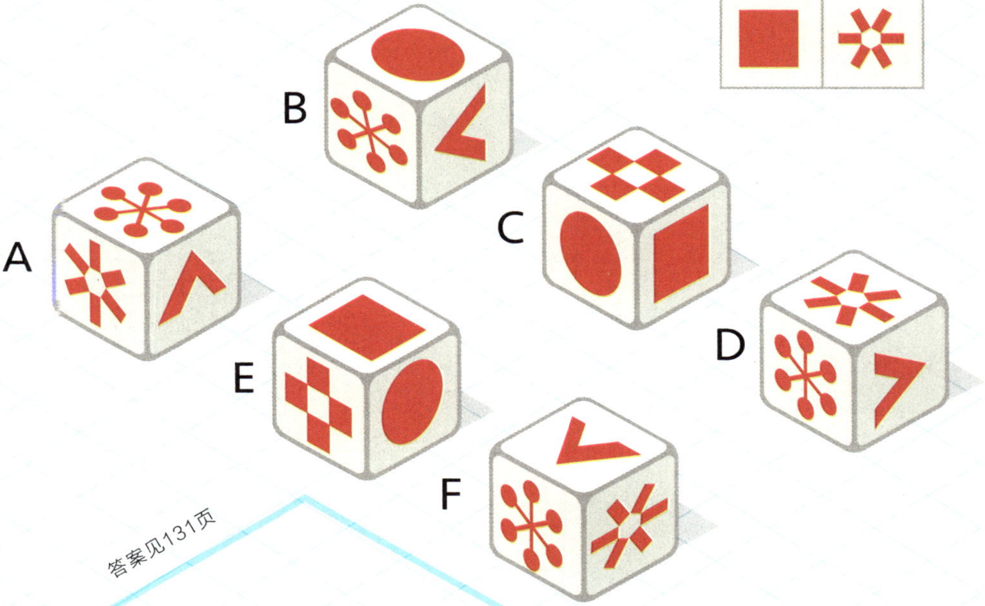

答案见131页

13 右图哪一组数字与众不同？

答案见132页

A	7	2		3	
B	5	7	7	7	5
C	4	7	7	4	4
D	3	5	3	4	3	2
	3	7	7	7	7
		4	2	4	7
		7	2	5	7

14 完成这个 7×7×7 的立方体需要343 块小方块，如图所示还需要多少块才能将其补全？

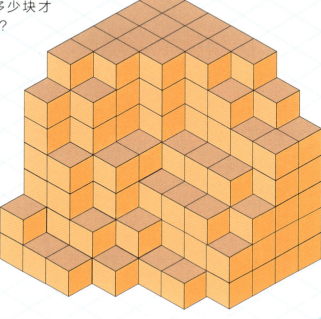

答案见132页

答案见132页

15 根据规律，问号处应填入什么数字？

1　2　6　15　31　?　?

16 都柏林比伦敦晚1个小时，伦敦比
纽约早4个小时。伦敦现在是星期
三上午11:15，那么另外两座城市
是几点钟？

伦敦

都柏林

纽约

答案见132页

17 观察规律，问号处
应填入什么数字？

答案见132页

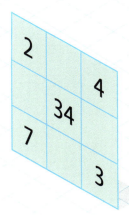

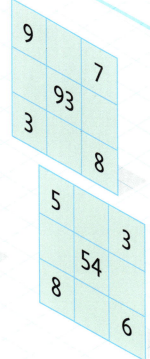

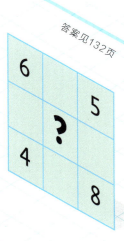

18 哪一只骰子与众不同？

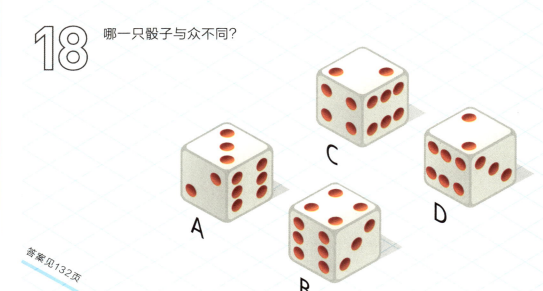

答案见132页

答案见132页

19 右图哪一组数字与第一组数字的规律相同？

7 4 3	:	8 4
A 8 2 4	:	8 4
B 2 5 9	:	6 3
C 4 3 6	:	8 9
D 5 8 2	:	7 2
E 4 4 3	:	8 1
	:	4 7

20

请从下列选项中选出符合题中规律的一只时钟。

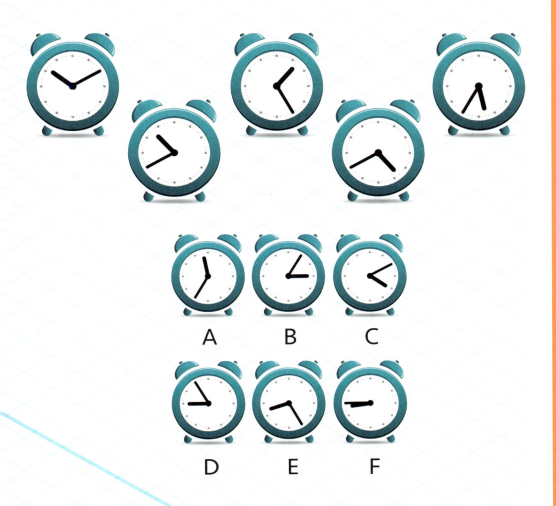

A   B   C

D   E   F

答案见132页

测试 8

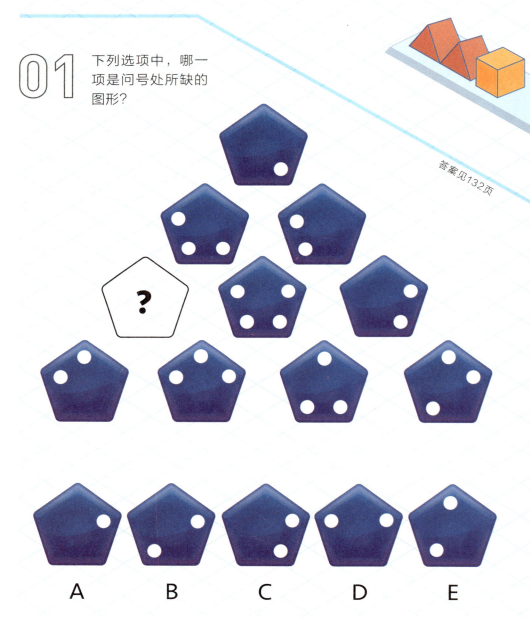

01 下列选项中，哪一项是问号处所缺的图形？

答案见132页

A　　B　　C　　D　　E

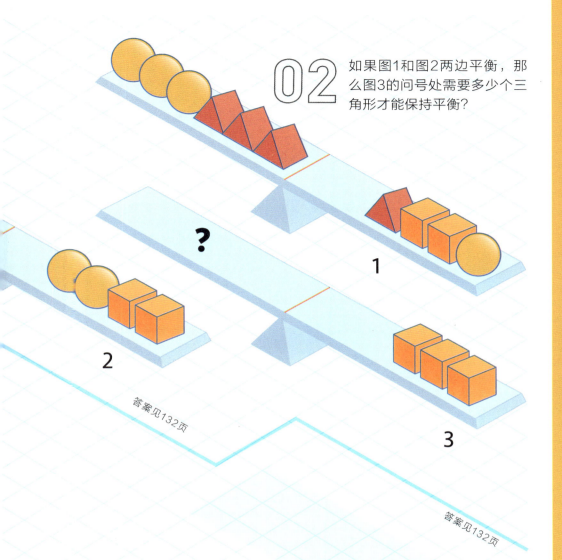

02 如果图1和图2两边平衡，那么图3的问号处需要多少个三角形才能保持平衡？

?

1

2

答案见132页

3

答案见132页

03 如果 $\frac{4}{5}=8$ ，

那么6等于多少？

下列哪一个图形能与上图拼成
一个完整的图形?

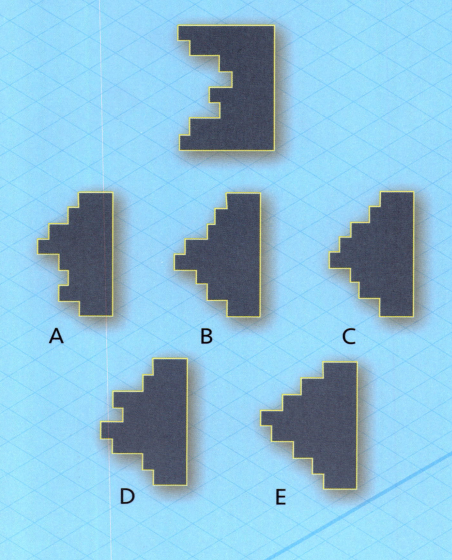

A

B

C

D

E

答案见132页

从下列一排图形中选择一个正确的选项填入问号处。

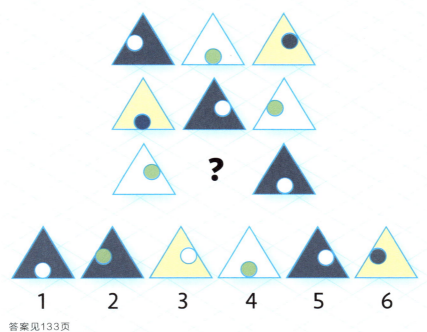

答案见133页

答案见133页

用九个连续的数字完成此图，使每一行、每一列以及对角线的数字之和都相等。

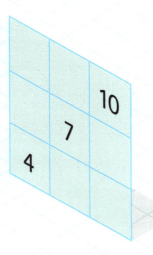

07

在从1A到3C的九个正方形中，每个正方形分别包含左边数字列和上方字母行中的图形，例如：2A正方形中包含了数字列2和字母行A中的两个图形。请找出图中不正确的那个。

答案见133页

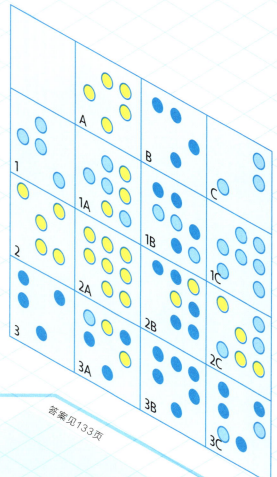

答案见133页

08

下列哪一个数字与众不同？

(63) (44) (27)

(81) (36) (72)

请找出下列图形中与众不同的选项。

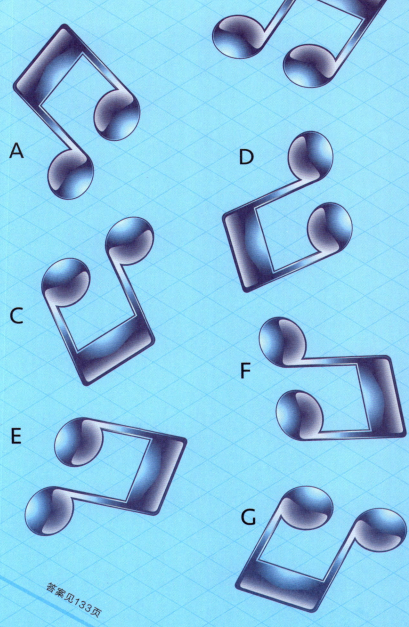

答案见133页

10 图中一个圆的
数值是多少？

答案见133页

11 问号处应填入
什么数字？

答案见133页

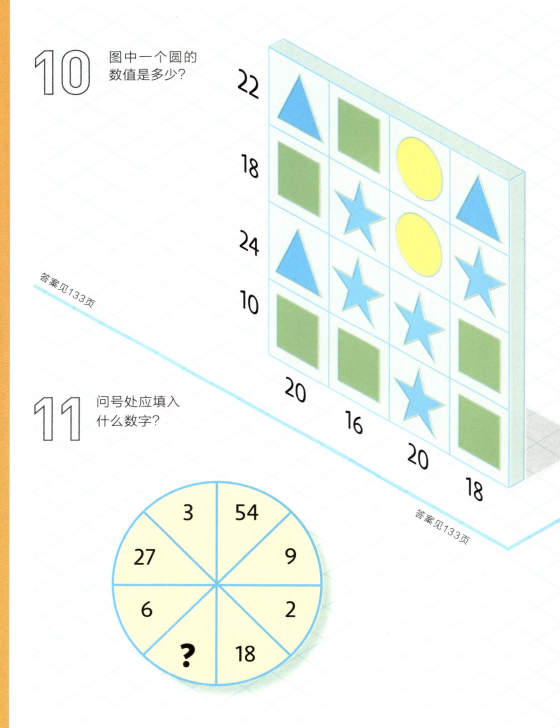

12

下列哪个图形的展开图与所给模板不一致?

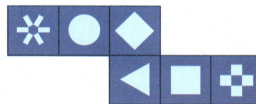

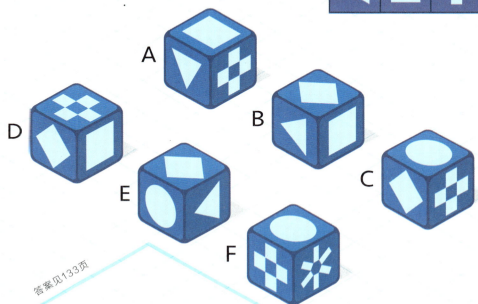

答案见133页

13

右图哪一组数字与众不同?

A	2	3	7	5
B	1	4	5	9
C	2	3	8	9
D	3	4	6	9
	5	6	7	8
				9

答案见133页

14

完成这个6×6×6的立方体需要216块小方块，如图所示还需要多少块才能将其补全？

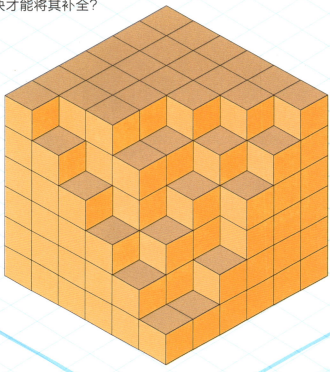

答案见133页

答案见133页

15

根据规律，问号处应填入什么数字？

5 9 19 37 75 149 ? ?

16 哈瓦那比伊斯兰堡晚9个小时，伊斯兰堡比莫斯科早2个小时。莫斯科现在是星期四晚上23:35，那么另外两座城市是几点钟？

莫斯科

伊斯兰堡

哈瓦那

答案见133页

17 观察规律，问号处应填入什么数字？

答案见133页

21
15　16
12

9
7　7
5

14
8　11
11

18
16　?
23

18 下面哪一个图形与
众不同?

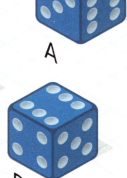
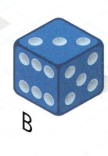

A

B

C

D

答案见133页

答案见133页

19 右图哪一组数字与
第一组数字的规律
相同?

	6	3	2	:	3 6
A	2	3	4	:	3 6
B	3	8	2	:	2 7
C	5	6	3	:	4 3
D	9	2	4	:	9 1
E	8	1	5	:	7 2
				:	3 8

20 请从下列选项中选出
符合题中规律的一只
时钟。

答案见133页

测试 9

01 下列选项中哪一项是问号处所缺的图形?

答案见133页

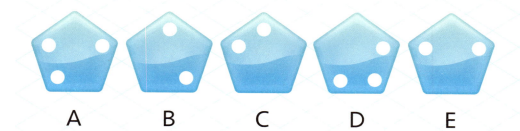

A   B   C   D   E

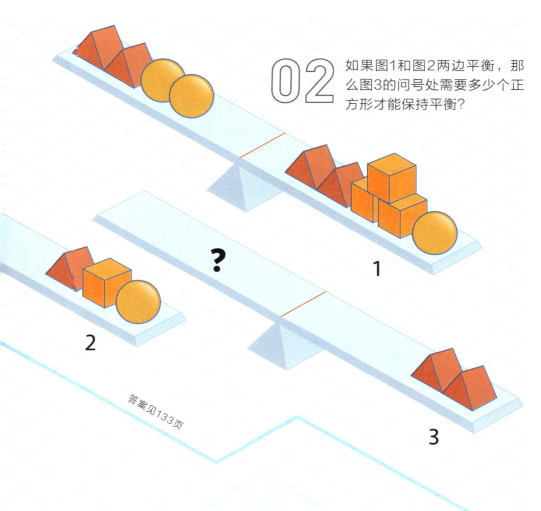

02 如果图1和图2两边平衡，那么图3的问号处需要多少个正方形才能保持平衡？

1

2

?

3

答案见133页

答案见134页

03 如果 $\dfrac{2}{3} = 5\dfrac{1}{3}$，

那么 $\dfrac{1}{2}$ 等于多少？

下列哪一个图形能与上图
拼成一个完整的图形?

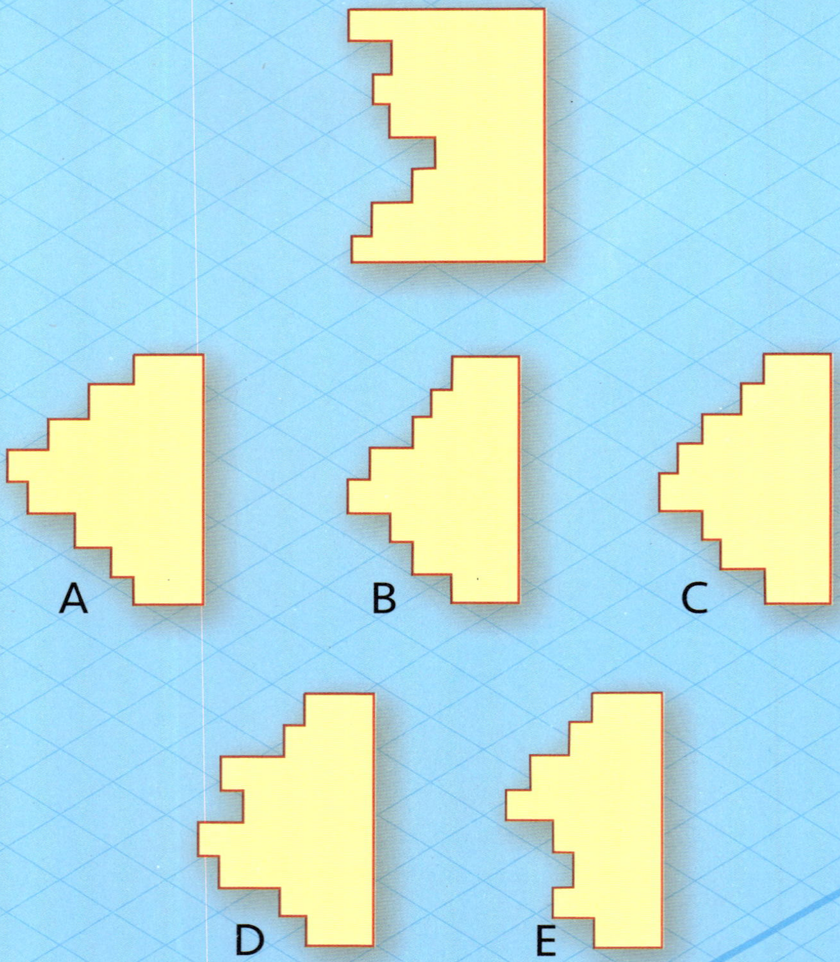

A

B

C

D

E

答案见134页

从下列一排图形中选择一个正确的选项填入问号处。

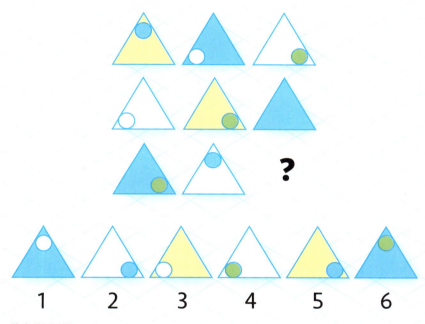

1 **2** **3** **4** **5** **6**

答案见134页

答案见134页

用九个连续的数字完成此图，使每一行、每一列以及对角线的数字之和都相等。

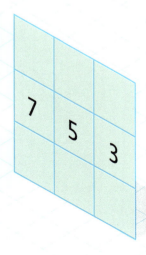

07

在从1A到3C的九个正方形中，每个正方形分别包含左边数字列和上方字母行中的图形，例如：2A正方形中包含了数字列2和字母行A中的两个图形。请找出图中不正确的那个。

答案见134页

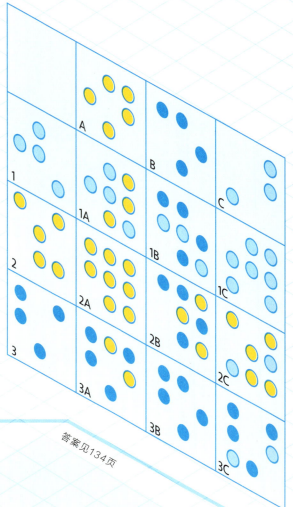

答案见134页

08

下列哪一个数字与众不同？

56   84   49

98   72   63

请找出下列图形中
与众不同的一项。

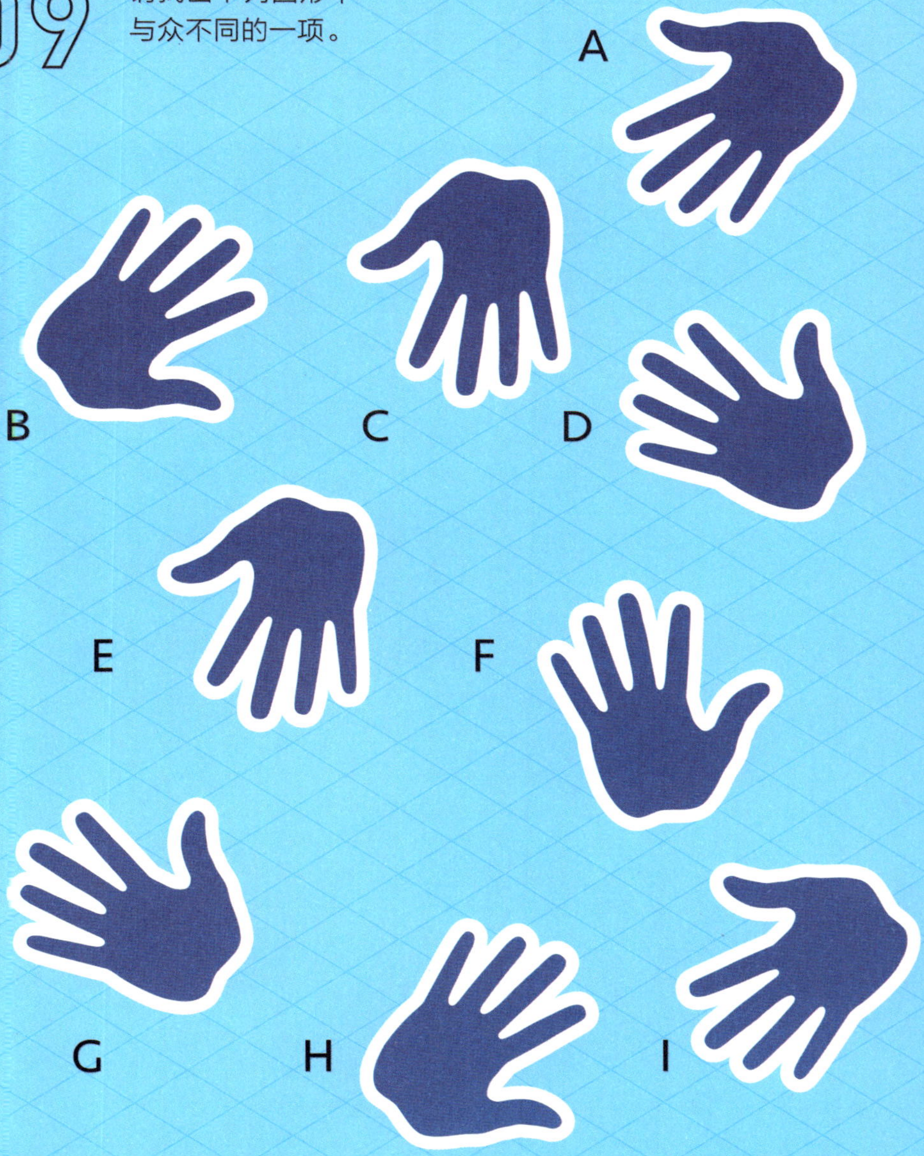

A

B

C

D

E

F

G

H

I

答案见134页

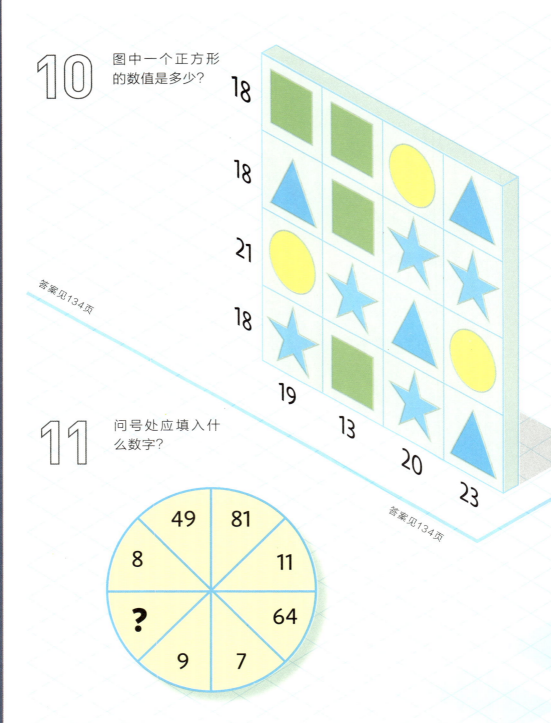

10 图中一个正方形的数值是多少?

18

18

21

18

19 13 20 23

答案见134页

11 问号处应填入什么数字?

49 81

8   11

?   64

9   7

答案见134页

12 下列哪个图形的展开图与
所给模板不一致?

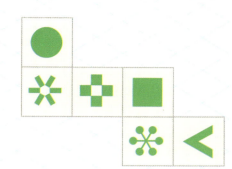

A

B
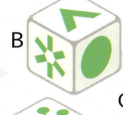

C
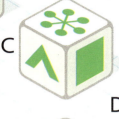

E

D

F

答案见134页

13 右图哪一
组数字与
众不同?

答案见134页

A	2	3	6	8	5
B	3	1	2	7	5
C	5	4	3	6	7
D	8	2	6	7	4
		4	7	3	5

14 完成这个6×6×6的立方体需要216块小方块，如图所示还需要多少块才能将其补全？

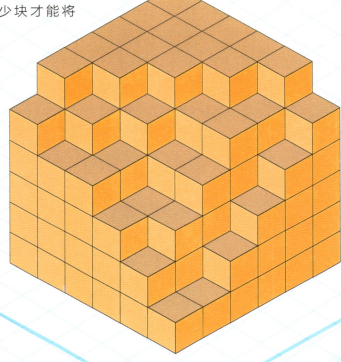

答案见134页

答案见134页

15 根据规律，问号处应填入什么数字？

(1) (4) (9) (18) (35) (?) (?)

16 开罗比布宜诺斯艾利斯早5个小时，布宜诺斯艾利斯比河内晚10个小时。开罗现在是星期四早上7:15，那么另外两座城市是几点钟？

开罗

河内

?

?

布宜诺斯
艾利斯

答案见134页

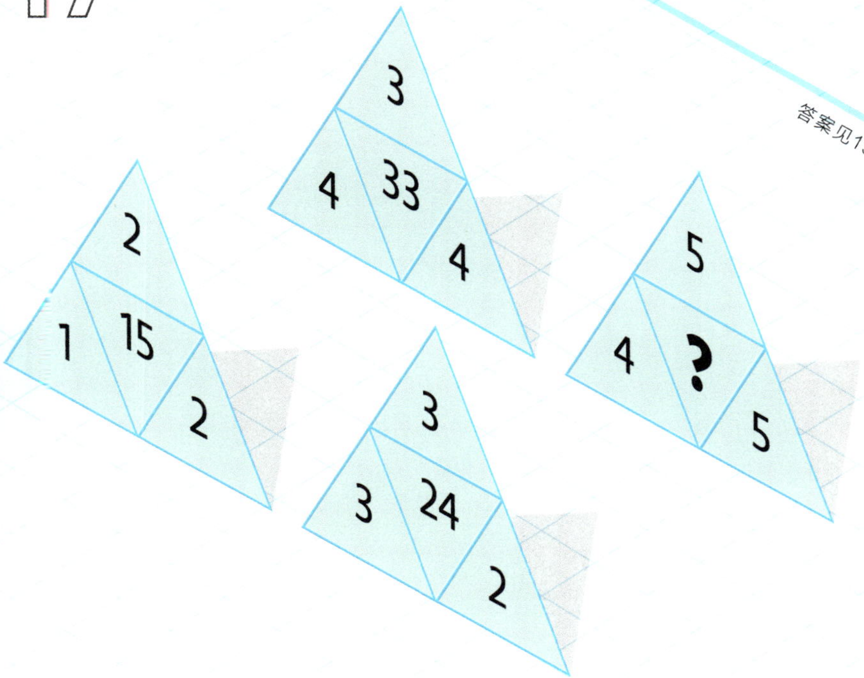

答案见134页

17 观察规律，问号处应填入什么数字？

3
4 33
4

2
1 15
2

5
4 ?
5

3
3 24
2

18 下面哪一个图形与众不同?

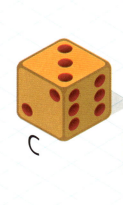
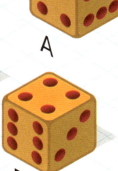
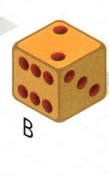

A

B

C

D

答案见134页

答案见134页

19 右图哪一组数字与第一组数字的规律相同?

	6 3 4	:	3 6
A	7 2 6	:	5 3
B	8 3 5	:	5 6
C	5 7 4	:	4 7
D	9 3 7	:	8 4
E	4 8 3	:	3 5

20

请从下列选项中选出符合题中规律的一只时钟。

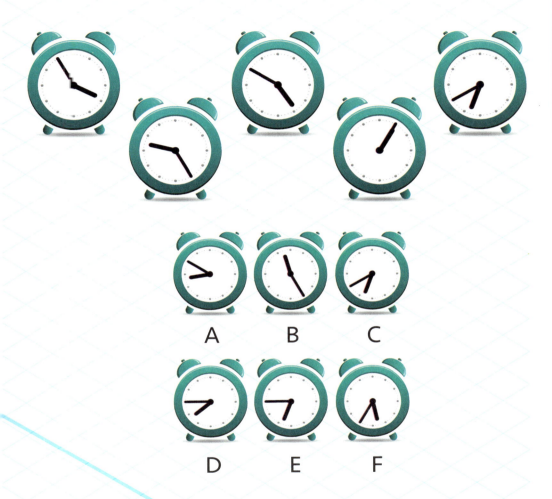

A B C

D E F

答案见134页

01

下列选项中，哪一项是问号处所缺的图形？

答案见135页

A   B   C   D   E

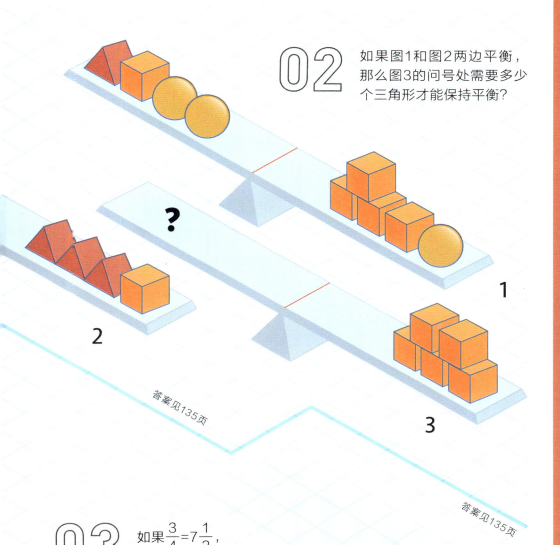

02 如果图1和图2两边平衡，
那么图3的问号处需要多少
个三角形才能保持平衡？

?

2

1

测
试
10

111

答案见135页

3

答案见135页

03 如果 $\frac{3}{4} = 7\frac{1}{2}$，
那么3等于多少？

04 下列哪一个图形能与上图拼成一个完整的图形？

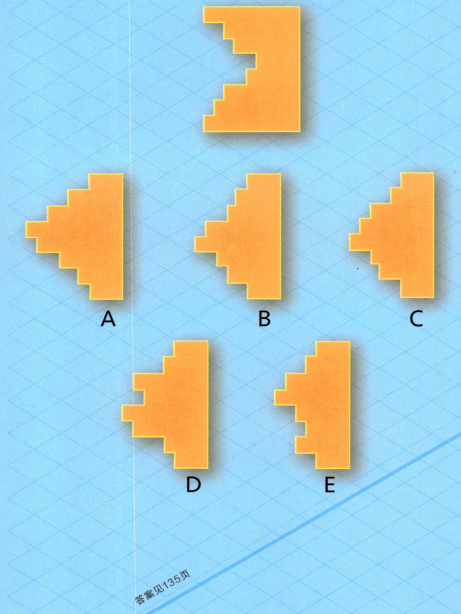

A

B

C

D

E

答案见135页

从下列一排图形中选择一个
正确的选项填入问号处。

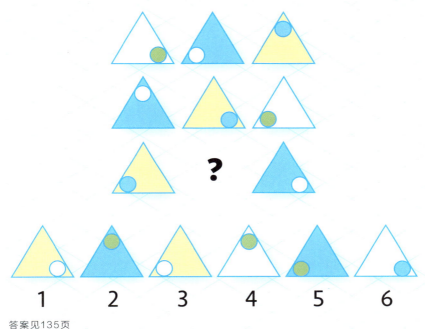

1   2   3   4   5   6

答案见135页

下列哪一个数字
与众不同？

答案见135页

07

在从1A到3C的九个正方形中，每个正方形分别包含左边数字列和上方字母行中的图形，例如：2A正方形中包含了数字列2和字母行A中的两个图形。请找出图中不正确的那个。

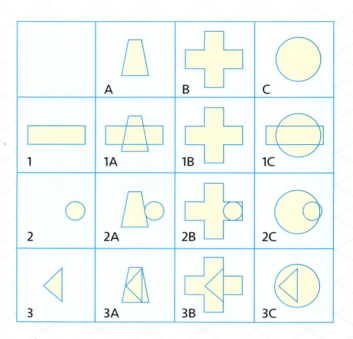

答案见135页

08

用九个连续的数字完成此图，使每一行、每一列以及对角线的数字之和都相等。

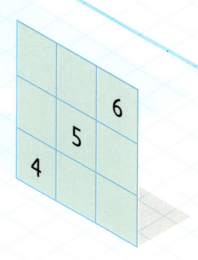

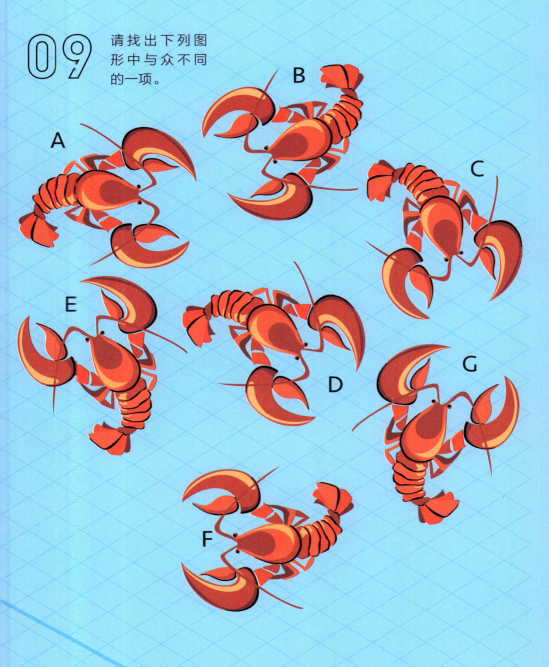

09 请找出下列图形中与众不同的一项。

A B C D E F G

答案见135页

10　图中一个三角形的数值是多少?

答案见135页

26

24

26

30

20

28

30

28

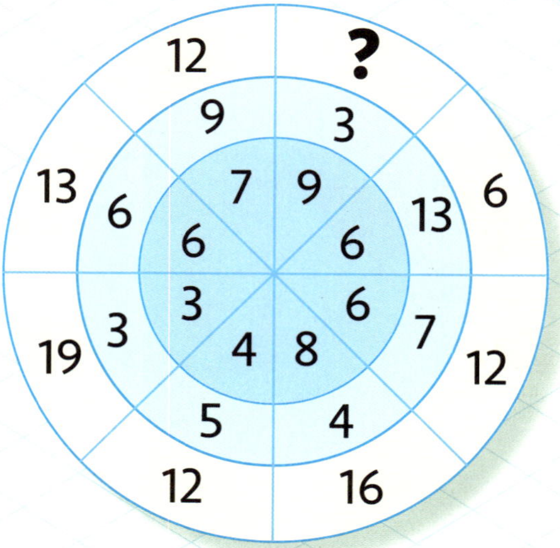

答案见135页

11　问号处应填入什么数字?

12 | ?
9 | 3
13 | 7 9 | 13 | 6
6 | 6 6
3 | 3 6 | 7 | 12
19 | 4 8
3 | 7
5 | 4
12 | 16

12

下列哪个图形的展开图与所给模板不一致?

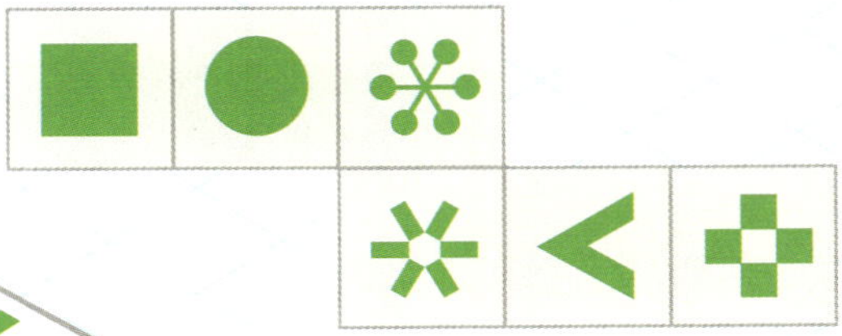

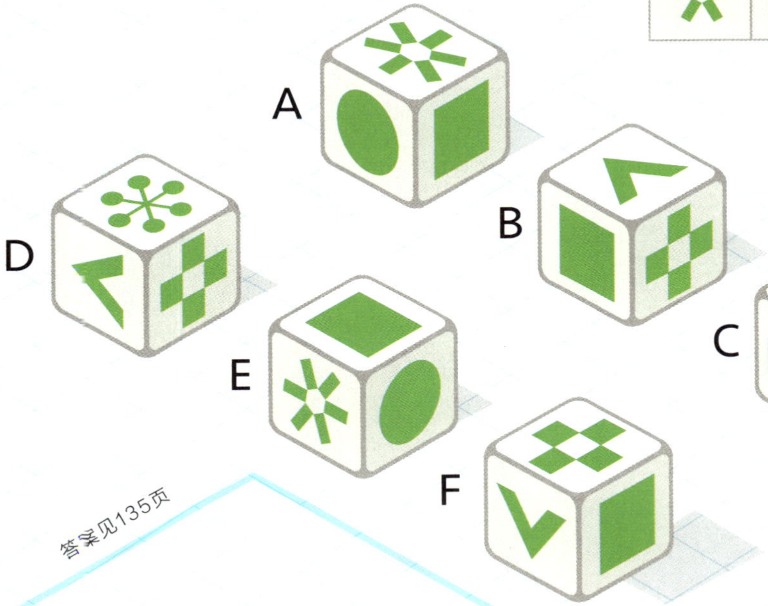

A
B
C
D
E
F

答案见135页

13

右图哪一组数字与众不同?

A	3	4	3			
B	2	5		4		
C	1	3	3		3	7
D	1	3		9	4	7
	1	2	3	5	9	7
		2	4	8	3	3

答案见135页

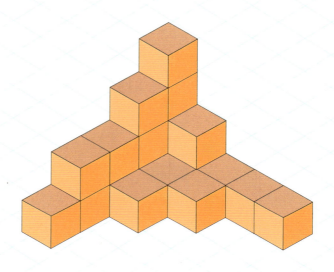

14 完成这个6×6×6的立方体需要216块小方块，如图所示还需要多少块才能将其补全？

答案见135页

答案见135页

15 根据规律，问号处应填入什么数字？

(17) (33) (65) (**?**) (257) (**?**)

16

莫斯科比开罗早1个小时，开罗比河内晚5个小时。莫斯科现在是星期六晚上21:25，那么另外两座城市是几点钟？

莫斯科

开罗

河内

答案见135页

17

观察规律，问号处应填入什么数字？

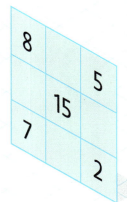

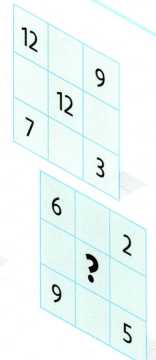

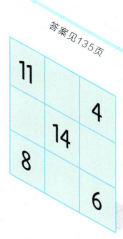

答案见135页

18 请从下列选项中选出符合题中规律的一只时钟。

答案见136页

19

下面哪一个图形与
众不同？

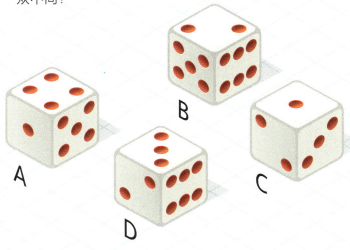

B

A

C

D

答案见136页

答案见136页

20

右图哪一组数字与
第一组数字的规律
相同？

A	6 4 2 :	3 6
B	5 8 4 :	5 9
C	3 7 8 :	4 5
D	7 6 3 :	6 2
E	9 2 7 :	8 3
	6 4 5 :	5 7

测试1

01

B（上面一行的五边形是由其下一行相邻的两个五边形去掉位置相同的圆圈后构成。）

02

15个三角形

方法：将图2左右两边同时减掉 ●■ 就可以得到：▲▲▲ = ●（等式1）。然后按照等式1将图1中的 ● 替换掉即得到：11▲■ = 6▲3■（等式2）。将等式2两边相同的成分（6▲■）去掉即得到：5▲=2■（等式3）。图3有6个■，因此需要3×5▲=15▲才能使两边平衡。

03

14 （ $4\frac{1}{2} = \frac{18}{4}$，是 $\frac{3}{4}$ 的6倍，因此 $2\frac{1}{3} × 6 = 14$。）

04

C

05

5

06

11	4	9
6	8	10
7	12	5

（答案不唯一。）

07

1A

08

42 （其他数字都是8的倍数。）

09

B、D和E是其他图形的镜像（考虑把图形最长的边作为底边，如图A。最陡的一边在左面，如图C、F、G所示。）

10

17 （ ●=3，▲=4，■=5 ）

11

26 （内圈数字与其相对的外圈数字之和为37，例如：22+15 =37，11+26=37。）

12

E

13

C （左边一列中，将第二位与第三位数字相乘，再加上第一位数字就得到了右边一列中的数字。）

14

94

15

6和5

方法：这一串数字按照顺序排列没有任何意义，因为其规律是通过数字交替出现而产生的。

6		8		11		15		20
	19		14		10		7		5

仔细观察第一行的数字便能发现这样的规律：依次递增2、3、4，等等，而下一行的规律是依次递减5、4、3，等等。

16

喀布尔时间为星期六凌晨0:15
河内时间为星期六凌晨2:45

17

2

方法：每一个方框中，（左上角数字-左下角数字）-（右上角数字-右下角数字）=中间的数字，比如：（14-4）-（8-6）=8。

18

B

19

D（8325 66数字之和为30，而其他行数字之和为31。）

20

F（每一只时钟分针倒退10分钟，时针相应地分别前进4、5、6、7个小时，以此类推。）

测试 2

01

E（上面一行的五边形是由其下一行相邻的两个五边形去掉位置相同的圆圈后构成的。）

02

12个圆

方法：将图2左右两边同时减掉2■●就可以得到：■●●=▲▲（等式1）。将图1左右两边同时去掉●▲就可以得到：■■=●▲▲（等式2）。用等式1替换等式2中的2▲就可以得到：2■=■3●（等式3）。将等式3两边相同的成分去掉就可以得到：■=3●。

03

105（$7=\dfrac{21}{3}$，是$\dfrac{1}{3}$的21倍，因此5×21=105。）

04

E

05

4

06

267（其他圆圈中数字之和为14。）

07

2A

08

10	3	8
5	7	9
6	11	4

09

C、D和F是其他图形的镜像

10

48（■=6，●=15，▲=21）

11

45

方法：内圈每个单元格中的数字是由其所在外圈数字之积减去其相对的外圈数字之和而得到的。例如：9×3 -（6+7）=14。

12

B

13

A（左边一列中，将第一位与第三位数字相加，再乘以第二位数字就得到了右边一列中的数字。答案不唯一。）

14

65块

15

720，5040（每一个小圆圈里面的数字依次乘以2、3、4，以此类推。所以a×2=b, b×3=c, c×4=d, 等等。）

16

开罗时间为星期三凌晨3:45
东京时间为星期三上午10:45

17

15（将三角形底部的两个数字相乘再减去顶部的数字即得到中间的数字，因此：2×9-3=15。）

18

B（每一只时钟分针前进10分钟，时针相应地分别后退1个小时，以此类推。）

19

C

20

B（其他选项中的数字从左到右都是按照从大到小的顺序排列的。）

测试 3

01

A（上面一行的五边形是由其下一行相邻的两个五边形去掉位置相同的圆圈后构成。）

02

1个圆

方法：分别从图1左右两边去掉对应的图2中左右两边的图形，即可得到：●=■■。

03

14（$1\frac{1}{2} = \frac{3}{2}$，$3 = \frac{6}{2}$，是$\frac{3}{2}$的2倍，因此7×2=14。）

04

E

05

3

06

4	3	8
9	5	1
2	7	6

07

1C

08

57（其他圆圈中数字之和都是13，例如：2+5+6=13，7+6=13，等等。）

09

B、E和F（在其他四个图形中，如果以两个相邻的白色三角形拼接成的大三角形为基准，那么其顶上的橘色三角形则指向左边。）

10

16（●=2，▲=3，★=4，■=5）

11

7

方法：内圈每个单元格中的数字是由其所在扇形区域内外圈和中圈的数字之积减去其相对的外圈和中圈的数字之和得到的。例如：2×5-（3+4）=3。

12

A

13

A（243731是一个素数，不能被7整除，其他数都可以被7整除。）

14

124块

15

8和13

方法 这一串数字不是单一的规律，其规律是通过数字交替出现而产生的。

7	9	11	13	15
12	10	8	6	4

一旦将这连续的数字分开看很容易就能发现规律了：上一行依次增加2，下一行依次减少2。

16

哈瓦那时间为星期三凌晨2:45
开罗时间为星期三上午8:45

17

70（每个三角形底部两个数字之和乘以顶部数字即得到中间的数字。）

18

D（每一只时钟分针依次前进5、10、15、20分钟，时针依次前进4个小时。）

19

B（左边一列中，将第一位与第二位数字相乘，再加上第三位数字就得到了右边一列中的数字。）

20

E

测试 4

01

E（中间一幅图表明：♥ = ◆♠，因此3♥ = 3◆3♠。）

02

D（上面一行的五边形是由其下一行相邻的两个五边形去掉位置相同的圆圈后构成。）

03

D

04

4

05

84（其他数字都是平方数。）

06

3B

07

18	**11**	**16**
13	**15**	**17**
14	**19**	**12**

（答案不唯一。）

08

B（这些图形都是数字的镜像图形，但是B图的镜像图形在右边。）

09

23（★=5，▲=6，●=7）

10

8（内圈数字是其相对的外圈数字之和。）

11

F

12

D（220057是一个素数，不能被23整除，其他数都可以被23整除。）

13

149块

14

81和131

方法：

5　7　12　19　31　50　81　131

观察差异：

2　5　7　12　19　31　50

观察第二组差异：

3　2　5　7　12　19

仔细观察差异可以得到这样的规律：
a+b=c，b+c=d，c+d=e，等等，也就是5+7=12，7+12=19，12+19=31，等等。

15

北京时间为星期四凌晨0:45
河内时间为星期三晚上23:45

16

42（每个三角形外围三个数字之和再乘以2就得到中间的数字。）

17

D（每一只时钟分针依次前进30分钟，时针依次前进2、3、4个小时，以此类推。）

18

84（9=$\frac{63}{7}$，是$\frac{3}{7}$的21倍，因此4×21=84。）

19

D

20

E（左边的数字是右边数字的平方。）

测试 5

01

B（上面一行的五边形是由其下一行相邻的两个五边形去掉位置相同的圆圈后构成。）

答案

128

02

6个三角形

方法：将图2两边同时去掉■即得到：▲●＝■■（等式1）。综合图1和等式1即得到：4■＝3●（等式2）。用等式1替换图1即得到：●＝2▲或者3●＝6▲。

03

45（6＝$\frac{30}{5}$，是$\frac{2}{5}$的15倍，因此3×15＝45。）

04

C

05

3

06

15	8	13
10	12	14
11	16	9

（答案不唯一。）

07

2B

08

45（其他数字之和都为11。）

09

G（A和D、B和F、C和E是一对。）

10

5（★＝1，●＝7，■＝5，▲＝7）

11

14（每个数字与其相对的数字之和为37。）

12

C、D、E

13

C（826467能被3整除，其他数字都是素数，不能被3整除。）

14

170块

15

37和50

方法：

2　5　10　17　26　37　50

观察差别：

3　5　7　9　11　13

因此可以得出规律：1²+1，2²+1，3²+1，等等。

16

东京时间为星期五早上6:45
布宜诺斯艾利斯时间为星期四晚上18:45

17

8（每个正方形中间的数字是外围四个数字之和。）

18

B

19

C（左边的数字是右边数字的13倍。）

20

F（每一只时钟分针依次后退15分钟，时针依次后退2个小时，以此类推。）

测试 6

01

E（上面一行的五边形是由其下一行相邻的两个五边形去掉位置相同的圆圈后构成。）

02

9个圆

方法：将图2两边同时加上3■即得到：4■8●＝▲3●（等式1）。综合图1和等式1即得到：4■8●＝12●（等式2）。将等式2两边相同的符号（8●）去掉即得到：4■＝4●或■＝●（等式3）。用等式3替换图2中的■即得到：9●＝▲。

03

30（4＝$\frac{12}{3}$，是$\frac{2}{3}$的6倍，因此5×6=30。）

04

D

05

6

06

13	14	9
8	12	16
15	10	11

07

1C

08

49（其他数字都是立方数。）

09

D（A和C、B和F、E和G是一对。）

10

6（■ = 6，● = 7，★ = 8，▲ = 9）

11

13（每个数字与其相对的数字之和为7。）

12

A、C、F

13

D（其他数字都能被13整除。）

14

105块

15

64

方法：您应该会发现这些数字都是平方数：

1	16	36	64	81	100	144

但是有些平方数被省去了，因为这是一列"非素数"的平方数。

2、3、5、7和11这些素数的平方数被省略了，而这一系列数字中只有8是非素数。

16

莫斯科时间为星期三上午10:15
开罗时间为星期三上午9:15

17

10（每个正方形中，左上角数字–右下角数字+右上角数字–左下角数字 = 中间数字，因此，14–8+6–2=10。）

18

C

19

B（左边的数字是右边数字的17倍。）

20

A（每一只时钟的分针按后退5分钟、前进10分钟的规律排列，时针依次后退1个小时。）

测试7

01

E（上面一行的五边形是由其下一行相邻的两个五边形去掉位置相同的圆圈后构成。）

02

24个

方法：将图2两边同时去掉■，即得到：■=●●●●（等式1）。将图1两边同时扩大2倍，即得到：2▲4●=6■（等式2）。综合等式1和等式2，即得到：2▲=5■（等式3）。用等式3将图3中的2▲替换掉，即得到：6■=？由等式1可知■=4●，6■=6×4●，6■=24●。

03

32（6=$\frac{24}{4}$，是$\frac{3}{4}$的8倍，因此4×8=32。）

04

A

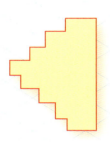

05

3

06

12	13	8
7	11	15
14	9	10

（答案不唯一。）

07

2C

08

13（其他数字都是平方数。）

09

E（A和F是一对，B和G是一对，C和D是一对。）

10

6（▲＝4，★＝6，●＝7，■＝9）

11

13（每个数字与其相对的数字之和为26。）

12

B、D、F

13

C（其他选项内所包含的数字均为2、3、4、5、7、7。）

14

150块

15

56和92

方法：

1 2 6 15 31 56 92

观察差异：

1 4 9 16 25 36

这些都是平方数。

16

都柏林时间为星期三上午10:15
纽约时间为星期三上午7:15

17

68（每个正方形中，将两个对角线数字之积相加即得到中间的数字，因此，6×8+4×5=68。）

18

B

19

C（将左边的三个数字相乘即得到右边的数字。）

20

A（每一只时钟的分针依次前进15、10、5、0、–5分钟，以次类推。时针依次前进3、4、5、6个小时，以此类推。）

测试 8

01

A（上面一行的五边形是由其下一行相邻的两个五边形去掉位置相同的圆圈后构成。）

02

4▲

方法：将图1两边同时去掉▲●即得到：■■=●●▲▲（等式1）。将图2两边同时增加2▲即得到：▲▲▲▲■=●●▲▲■■（等式2）。综合等式1和等式2即得到：4▲■=4■。将两边相同的符号（■）去掉即得到：4▲=3■。

03

60（8=$\frac{40}{5}$，是$\frac{4}{5}$的10倍，因此6×10=60。）

04

D

05

6

06

6 5 10
11 7 3
4 9 8
（答案不唯一。）

07

2B

08

44（其他数字都是9的倍数。）

09

D和E

10

3（■ = 1，● = 3，★ = 7，▲ = 9）

11

1（每个数字与其相对的数字之积为54。）

12

A

13

A（其他选项的数字从左到右都是按照由小到大的顺序排列的。）

14

35块

15

293和597
方法：

5 9 19 37 75 149 299 597
(-1) (+1) (-1) (+1) (-1) (+1) (-1)
观察差异： 4 10 18 38 74 150 298

可以发现这样的规律：前一个数字的2倍依次减1、加1得到后面的数字。

16

伊斯兰堡时间为星期五凌晨1:35
哈瓦那时间为星期四下午16:35

17

19（将三角形三个角的数字之和除以3就得到中间的数。）

18

A

19

D（将左边的三个数字相乘即得到右边的数字。）

20

A（每一只时钟的分针依次前进5分钟，时针则相应地前进-1、2、-3、4个小时，以此类推。）

测试 9

01

D（上面一行的五边形是由其下一行相邻的两个五边形去掉位置相同的圆圈后构成。）

02

10个正方形
方法：将图1两边同时去掉▲▲●即得到：●=3■。
将图2中的●替换掉得到：4■▲=9■。将两边相同的符号（4■）去掉即得到：▲=5■。

03

4（$5\frac{1}{3} = \frac{16}{3}$，是$\frac{2}{3}$的8倍，因此$\frac{1}{2} \times 8 = 4$。）

04

E

05

3

06

2 9 4
7 5 3
6 1 8
（答案不唯一。）

07

3B

08

72（其他数字都是7的倍数。）

09

F

10

3（■ = 3，★ = 4，● = 5，▲ = 7）

11

121（大的数字是其相对的小的数字的平方。）

12

D

13

B（其他组数字之和为29。B组数字之和为26。）

14

49块

15

68和133
方法：

1　4　9　18　35　68　133

观察差异：

3　5　9　17　33　65
观察第二组差异：

2　4　8　16　32

可以发现这样的规律：$1 \times 2 + 2 = 4$，$4 \times 2 + 1 = 9$，$9 \times 2 + 0 = 18$，$18 \times 2 - 1 = 35$，$35 \times 2 - 2 = 68$，以此类推。

16

布宜诺斯艾利斯时间为星期四早上2:15
河内时间为星期四中午12:15

17

42（将三角形三个角的数字之和乘以3就得到中间数。）

18

D

19

D（第一个数字与第二个数字相加后乘以第三个数字等于右边的数字。）

20

C（每一只时钟的分针依次后退5、10、15分钟，时针则相应地前进1、2、3个小时，以此类推。）

测试 10

01

C（上面一行的五边形是由其下一行相邻的两个五边形去掉位置相同的圆圈后构成。）

02

4个三角形

方法：将图2左右两边同时去掉▲就可以得到：

●●=▲▲■或者●=▲$\frac{1}{2}$■。将图1中的●

替换掉即得到：（▲▲■）▲■=（▲$\frac{1}{2}$■）

■■■■或者3▲2■=▲4$\frac{1}{2}$■。将等式两

边相同符号▲2■去掉即得到：2▲=2$\frac{1}{2}$■或者

4▲=5■。

03

30（7$\frac{1}{2}$=$\frac{30}{4}$，是$\frac{3}{4}$的10倍，因此3×10=30。）

04

B

05

4

06

45（其他数字都是6的倍数。）

07

1E

08

8 1 6
3 5 7
4 9 2

（答案不唯一。）

09

E（将龙虾的爪子看作底面，E是唯一一只尾巴向左斜的龙虾。）

10

3（▲=3，●=5，■=7，★=9）

11

9（每个单元格中，外圈数字是其相对的内圈和中圈数字之和。）

12

C、D

13

C（133597是一个素数，其他数字都可以被3整除。）

14

196块

15

129和513

方法：观察差异：

17　33　65　?　257　?
16　32　?　?　?

通过观察差异可以得到这样的规律：17×2-1=33，33×2-1=65，以此类推。

16

开罗时间为星期六晚上20:25
河内时间为星期日凌晨1:25

17

16（左上角与右上角数字的差乘以左下角与右下角数字的差等于中间的数。）

18

D（每一只时钟的分针前进30分钟，时针相应地分别前进2、3、4个小时，以此类推。）

19

B

20

B（第二个数字与第三个数字的和乘以第一个数字等于右边的数字。）

解谜笔记

138